# 农村电商文案创作速查速用

彭小菲 / 著

中华工商联合出版社

**图书在版编目（CIP）数据**

农村电商文案创作速查速用 / 彭小菲著. -- 北京：中华工商联合出版社，2022.1

ISBN 978-7-5158-3292-0

Ⅰ. ①农… Ⅱ. ①彭… Ⅲ. ①农村－电子商务－策划－写作 Ⅳ. ① F713.36 ② H152.3

中国版本图书馆 CIP 数据核字（2021）第 268015 号

**农村电商文案创作速查速用**

**著　　者：**彭小菲
**出 品 人：**李　梁
**责任编辑：**吴建新　林　立
**装帧设计：**周　源
**责任审读：**傅德华
**责任印制：**迈致红
**出版发行：**中华工商联合出版社有限责任公司
**印　　刷：**北京毅峰迅捷印刷有限公司
**版　　次：**2022 年 1 月第 1 版
**印　　次：**2025 年12月第11次印刷
**开　　本：**850mm × 1168 mm　1/32
**字　　数：**220 千字
**印　　张：**9
**书　　号：**ISBN 978-7-5158-3292-0
**定　　价：**26.90 元

**服务热线：**010-58301130-0（前台）
**销售热线：**010-58301132（发行部）
010-58302977（网络部）
010-58302837（馆配部、新媒体部）
010-58302813（团购部）
**地址邮编：**北京市西城区西环广场 A 座
19-20 层，100044
http://www.chgslcbs.cn
**投稿热线：**010-58302907（总编室）
**投稿邮箱：**1621239583@qq.com

# 前言

随着商业社会的发展，各种形式的广告文案已经与我们的日常生活密不可分。互联网的发展，让文案的形式变得更加丰富多彩，也让文案的传播途径更多，传播范围更广。有些文案金句，甚至可以成为席卷互联网的流行现象。

移动互联网和自媒体的发展，让文案创作者的舞台更加广阔，也让文案创作的门槛变得较低。如今，人人都能成为一名文案创作者，人人都能利用文案推销自己。可是，对于大多数企业来说，优秀的文案创作者依然是“稀缺资源”。

那么，什么是“优秀文案创作者”？如何才能成为“优秀文案创作者”？

流量时代，人们评价一篇文案优劣的标准变得直观、可量化，其中“10万+”是我们最熟悉的。于是，很多人将“能写出‘10万+’文案”作为优秀文案创作者的评价标准。事实上，在成为优秀文案创作者的道路上，我们要攻克的堡垒远远不止“10万+”，转化率、变现率才是文案创作者的核心目标。

令人遗憾的是，一部分文案创作者在“10万+”面前迷失了，忘记了广告文案的本质——营销。为了吸引眼球，获取流量，他们贩卖着空洞的情怀，抖着尴尬的机灵，用华丽的语句炫耀着文采。当流量的泡沫散去时，文案的营销效果却差强人意。

每个文案创作者都要明白，如果你写出的文案不能提升品牌的认知度，不能提升产品的销量，不能帮助产品占领消费者的心智，即使它的语句再优美，感情再丰富，也是无效的。

写文案是一门技术活，既要保证内容质量，又要兼顾商业价值。一名优秀的文案创作者要像作家、撰稿人一样拥有扎实的写作功底；又要像销售员一样，懂得包装和销售产品；还要像一名心理专家，善于洞察人心，引发受众的情绪共鸣。

如果你想成为优秀的文案创作者，写出有效的文案，就要夯实写作基本功，学会洞察受众心理，分析产品优势和卖点，把握市场风向……在成为优秀文案创作者之前，你要学习的东西有很多。

本书恰好是一本广告文案写作指南，可以帮助你系统地学习文案的写作手法，掌握文案写作的底层逻辑。本书共有 9 个章节，第 1、2 章告诉你文案的重要性，什么是好文案，以及好文案的写作要点。第 3–6 章详细介绍了文案标题、开头、正文和结尾的写作方法。第 7 章介绍了营造氛围、提升文案传播力的方法。第 8 章指出了文案写作中的“坑”，并提供了避“坑”指南。第 9 章介绍了几种常见文案的写作技巧。

本书中不仅有扎实的理论知识和实操方法，还有翔实的案例，让受众可以一看就懂，一学就会。无论是刚刚入行的文案小白，还是在行业中摸爬滚打多年的“老”文案，都能从本书中获得丰富的收获。如果你想夯实文案写作基础，提升文案写作能力，成为一名优秀文案创作者，不妨将本书放在案头，时常翻阅。

“广告教父”奥格威说：“一个真正的创意，拥有自己的力量与生命。”笔者衷心希望，每一位文案创作者都能在夯实基础的同时，拥有无限创意与灵感，写出令人惊艳的好文案！

# 目录
Contents

# 第一章

# 一个好文案，胜过 100 个销售高手

新媒体时代，文案的价值不可小觑——它既是营销的重要手段，也是宣传的重要途径。正是因为它重要，所以它变得值钱。从本质上来说，一篇爆款文案，就是一台“印钞机”。

## 第一节 新媒体时代，文案的力量不可小觑

提起文案，许多人并不陌生。日常生活中，文案的身影几乎随处可见：当你乘公交、等地铁的时候，抬起头，不经意地就会看到五花八门的广告牌和广告海报，上面的文字，就是文案；当你打开电视或者点开抖音，99% 的概率会碰巧看到广告，里面的广告词，就是文案；当你点开朋友圈或者打开公众号，你可能会因为某段走心的文字、某篇不错的文章甚至是某个微商朋友的产品介绍驻守停留，这些让你目光停留的文字，也是文案……

那么，这些充斥在我们生活中的文案，究竟发挥着怎样的作用呢？对于这个问题，我想，许多人不一定答得出来。本节，我们就一起来探讨一下新媒体时代，文案的魅力究竟有多大。

### 文案是营销的帮手

有多少人是在“不是所有的牛奶都叫特仑苏”的“霸道宣言中”，抱着“特仑苏”究竟有多好的好奇心买了特仑苏牛奶？有多少人是在“充电五分钟，通话两小时”的诱惑中，选择了 OPPO 手机？有多少人是在“爱她，就请她吃哈根达斯”的引导下，走进了哈根达斯？

答案一定是很多。这便是文案的第一重力量——它是

营销的助力器。

促进产品销售是文案的第一要务。那么，文案的这种力量是如何产生的呢？要回答这个问题，我们不妨先来探讨另一个问题：假设有两位数学老师，数学老师 A 讲课时总是照本宣科；数学老师 B 讲课时则会巧妙地运用一些形象的类比，把课程讲得生动有趣、浅显易懂。那么，这两位数学老师，谁更受欢迎呢？

很显然，答案是数学老师 B，因为相比于数学老师 A 讲课的干涩、死板，数学老师 B 更懂得站在学生的角度，从学生的视觉来授课。

文案之所以能促进产品销售，也是一样的道理：它是站在受众的角度，以受众的视觉，洞察受众、引导受众、说服受众，进而引导受众的消费行为。从某种程度而言，好的文案就像一把弯钩，看似漫不经心，却能精准勾起受众的消费欲望。

说到这里，可能许多人还是不能准确理解，我们不妨进一步对比说明。

假设某个商家要推销一款商品。这时候，他对着大街上或者手机端、电脑端的受众大声呼喊：“来呀，快来买呀，我们的产品是世界上最好的。”试想一下，有几个人会听得见他的声音？即便听见了，又有多少人会相信他？这就好比上述案例中的数学老师 A，方式可行，可刻板无趣，效果微弱。

这时候，如果他换一种方式，把直白、无趣的吆喝变成生动含蓄的文案，用文字勾勒出消费者内心的情感，引导消费者的消费行为，效果就不一样了。

比如，他可以这样宣传：

不是所有的牛奶都叫特仑苏。

这句文案传达的意思很明显：特仑苏和别的牛奶是不同的。那么，当受众看到文案后，内心本能地便会产生类似的好奇：特仑苏和别的牛奶究竟有什么不一样呢？一旦受众的好奇心被打开了，购买的概率也就提升了。对比之下，是不是比直接吆喝“买特仑苏牛奶啊，我们是最好的”更能促进销售？

再比如，他也可以这样叫卖：

充电五分钟，通话两小时。

这句文案的意思一目了然：OPPO手机待机时间超长。为什么要特意强调手机待机时长呢？因为在自媒体时代，手机成了人们的生活必需品，用得多了，手机电量不够用就成了消费者的普遍痛点。这时候，OPPO通过文案直白地告诉受众“我们的手机待机时间超长”，实际就是从受众的视觉，解决了受众的痛点。痛点一旦解决，有类似需求的消费者，自然会积极购买。

在商业世界，文案的作用是为营销服务，这一点毋庸置疑。在促进销售方面，文案的力量不可小觑。毫不夸张地说，一则好的销售文案，胜过100个销售高手。

## 文案是宣传的利器

提起脑白金，你是不是也会不自觉地接上一句“孝敬爸妈，脑白金”？提起农夫山泉，你的脑海里是不是立马会出现“农夫山泉有点甜”？提起优乐美，你内心的第一印象是不是“我是你的什么？你是我的优乐美啊”？提起李宁，你是不是会毫不犹豫地脱口而出“一切皆有可能”？

为什么会这样呢？因为通过反复的“洗脑”宣传，这些文案已经成功抢占了受众的心智，在他们脑海中形成了深刻印象，让他们一听到文案，就想起文案宣传的产品或品牌。

对于产品或品牌而言，文案无疑是最好的宣传利器之一，是品牌或产品走进受众视野，被更多受众熟悉、认识、认同的不二选择。这是因为，相比于产品包装或视频动画只具有视觉传播功能，文案可以用眼睛看，也可以用耳朵听，就有视觉和听觉的双重传播功能。不仅如此，好的文案往往是在深刻洞悉了受众的痛点和需求之后，站在受众的立场，从受众的视野出发推敲得出的。其传达的是符合受众调性的内容，能够唤醒受众的情绪价值、情感链接以及价值向往，因而具有更显著的宣传效果。

除了有利于抢占客户心智，让产品或品牌更好地走进受众视野之外，文案的宣传力量还体现在扭转乾坤，帮助品牌或产品进行危机公关上。

20 世纪初，凯迪拉克曾发布了一款新车 V8 Touring。当时，全球汽车品牌的竞争格局十分混乱。凯迪拉克的新车发布后，马上遭到了竞争对手的质量质疑。深陷公关危机的紧急时刻，凯迪拉克很快便在美国《星期六晚间邮报》上刊登了一篇应对文案——《出人头地的惩罚》（*The Penalty of Leadership*）。

以下是文案的节选内容：

在人类活动的每一个领域，得到第一的人必须长期生活在世人公正无私的裁判之中。无论是一个人还是一种产品，当它被授予了先进称号之后，赶超和妒忌便会接踵而至。在艺术界、文学界、音乐界和工业界，酬劳和惩罚总是相同的。酬劳就是得到公认，而惩罚则是遭到反对和疯狂的诋毁。

……

这一切都没有什么新鲜，如同世界和人类的感情——嫉妒、恐惧、贪婪、野心以及赶超的欲望一样，历来就是如此，一切都徒劳无益。如果杰出人物确实有其先进之处，他终究是一个杰出者。杰出的诗人、著名的画家、优秀工作者，每个人都会遭到攻击，但每个人最终也会拥有荣誉。不论反对的叫喊如何喧嚣，美好的或伟大的，总会流传于世，该存在的总是存在。

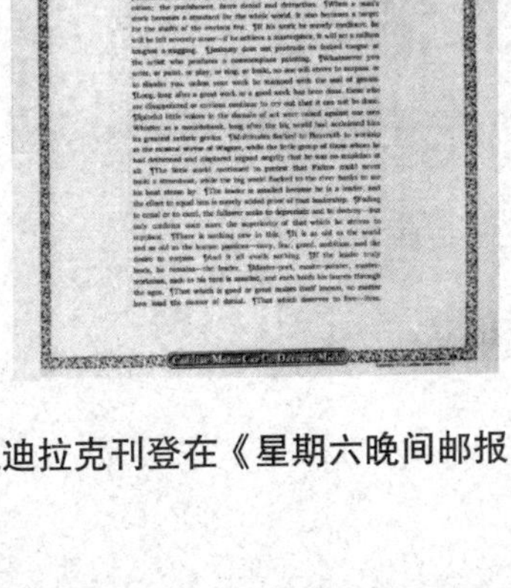
THE SATURDAY EVENING POST

The PENALTY OF LEADERSHIP

图 1–1　凯迪拉克刊登在《星期六晚间邮报》上的文案

这篇洋洋洒洒的长文案刊登后，局面很快扭转，几乎所有人都忘记了对凯迪拉克的质量质疑，转为将注意力集中到了卡迪拉克的创新精神上。反过来，那些控诉凯迪拉克的竞争对手看起来似乎成了“跳梁小丑”。

这便是文案在宣传产品或品牌过程中所起到的翻天覆地的作用。时至今日，凯迪拉克的这篇公关文案依然被认为是最优秀的广告文案之一，而像凯迪拉克一样，凭借优秀的文案扭转乾坤、华丽翻篇的品牌也层出不穷。

总之，文案是宣传的利器。好的文案，能够帮助产品或品牌迅速走进受众的视野，抢占受众的心智。即便是在特殊情况下，当产品或品牌一不下心深陷负面危机之中时，依靠一篇靠谱的优秀文案，产品或品牌也能化险为夷。毫不夸张地说，在人人都是自媒体的今天，谁能将产品宣传做得更具特色、更深入人心，谁就掌握了市场的命脉，实现了“踏浪而行”。而有着极强生命力的文案，无疑是产品或品牌宣传的最佳途径。尤其是在今天的新媒体时代，随着文案宣传渠道的无限拓宽和文案宣传方式的便捷简单，文案的宣传作用也在无限扩大。

## 第二节 普通文案 VS 爆款文案，究竟差在哪里？

在前文中，我们探讨了文案的价值。一个值得思考的问题是：是不是所有的文案都有价值，都能发挥巨大能量呢？答案显然是否定的，从某种程度而言，我们在前文中所探讨的文案前面，都应该加一个“好”字。换言之，只有好的文案，才具有价值，才能够发挥巨大能量。

说到这里，不妨来看这样一个案例。

有一家专门做卫生巾的企业，为了增加产品的销量，特意花 5000 元在各大媒体平台上投放广告文案，但是收效甚微。后来，这家企业的文案创作者对原来的文案进行了修改，前前后后大概修改了 20 遍，最终才投放出去。

没想到，这一投，该篇文案就达到了“10 万 +”的阅读量，在此次文案推广中，这种产品卖了接近 3997 单，获利 30 多万元。对比之前的营业额，利润翻了几万倍。

由此可见，文案写得好与坏，会直接影响到产品的附加值，这也是普通文案价值 30 元，而爆款文案价值三万的关键原因。

那么，什么样的文案是普通文案，什么样的文案是爆款文案呢？这两者之间究竟差在哪里呢？阅读下文，或许你会找到答案。

普通文案 = “O” 型文案

归纳起来，普通文案又可以分为以下两种：

**1. 文案语言平淡无奇**

现实生活中的大部分文案，都是以平淡无奇的语言来描述产品的，例如：

本店牛排采用的是进口原材料，并且还邀请国际营养大师用最适合人体需求的比例烹饪，想不想来一块？——牛排文案

本店的芒果汁饮料是鲜榨果汁哦，又鲜又甜又好喝，快来尝尝吧！——芒果汁文案

通过分析，不难发现，这两个文案都有一个共性——文案语言平平无奇。虽然这两个文案都给受众传达出了产品的特点和优势，但是过于平淡的语言会让人觉得索然无味、毫无吸引力。因为有很多牛排店的牛排都使用进口原材料，很多果汁店的果汁都是鲜榨的。要想在众多竞争者中脱颖而出，还需要让文案变得更加有创意。

**2. 过度玩文字游戏**

第二种普通文案是以自我视角去写、堆砌一些华丽的词语的文案，比如“梦想、怡然、自由”等来为产品“加分”。例如：

头排汉江，头排企业。——江景房文案

沁心怡然，轻养每一刻。——茶叶文案

第一个案例，文案创作者很明显是想要文案更押韵；第二个案例中的“沁心”与“怡然”其实都是舒适自在的意思，此处重复语义，且“轻养”一词可能是想表达“轻养生”的意思，但在此处却显得有些断章取义。

这种过度玩文字游戏的文案虽然显得“高端大气上档次”，但有时候文案创作者为了拼命拽词，会很容易偏离文案创作的最初目的，不会引发受众较强的消费欲望。

总之，如果只是平铺直叙地描述产品，会很难抓住受众的眼球；同时，当作者过分玩弄文字游戏时，也就很容易忽略产品本身的亮点。倘若把这两种普通文案念给受众听，也只能换来他们一声漫不经心的“哦”，无法唤醒受众的购买欲望，因此，这类普通的文案也被称为“哦”反应文案，即“O”型文案。

### 爆款文案 = “A”型文案

何为爆款文案？

毋庸置疑的是，在信息爆炸时代，“爆款”一词似乎成了人们口中的流行语，比如：爆款表情包、爆款口红、爆款洗发水，等等，这两个字已被深深烙下“商品化”的标签，成了文案创作者竞相追逐的目标。

与普通的“O”型文案相反，爆款文案能够激发受众强烈的反应，比如，看到爆款文案的受众，心理会产生惊讶：“啊，原来是这样！”抑或产生信任：“啊，说到我心里了。”抑或引起共鸣：“啊，我也是这样的。”因此，爆款文案也被称之为“啊”反应文案，即“A”型文案。

例如，上文案例中提到的牛排文案和芒果汁文案，要想从平平无奇的“O”型文案，变成让人记忆深刻的“A”型文案，就可以进行这样的修改：

闭上眼睛，听牛排在烤架上滋滋轻唱！让舌尖带你品尝新西兰的味道！——牛排文案

听说爱喝芒果汁的女生，有一半在“芒”着恋爱，另一半在“芒”着可爱，你呢？——芒果汁文案

同样宣传牛排和芒果，当文案进行了适当的修改后，是不是比之前更生动、更活泼、更能引起读着的共鸣和反应？

再比如，同样是江景房的文案，“A”型爆款文案会这样写：

水在动，景在流，浪漫水岸生活。

经过修改后的文案，仅仅几句话，就给受众白描出了一个场景，会让受众不自觉地去想象自己在江景房生活的那种画面，如果受众产生“啊，这就是我想要的生活”的想法时，受众购买江景房的概率就会大大提升。

### 普通文案与爆款文案的三大差别

爆款文案是普通文案的升级版，要想摆脱普通文案的传统“套路”，写出更有价值的爆款文，首先需要弄清楚这二者之间，究竟差在哪里。

归纳起来，普通文案与爆款文案的差别，主要体现在以下三个方面，如图 1–2 所示。

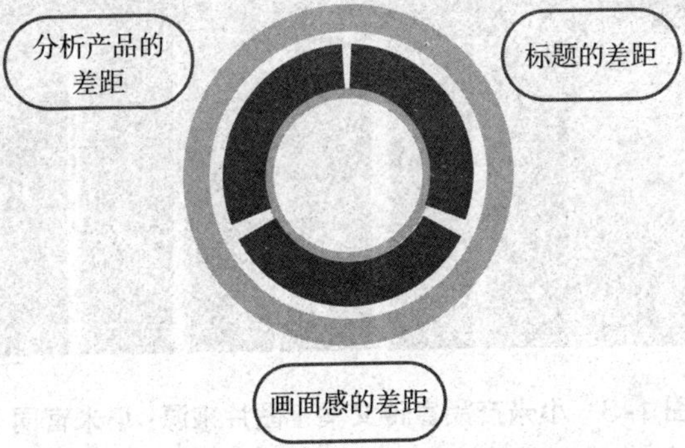


**图 1–2　普通文案与爆款文案之间的三大主要差距**

**1. 分析产品的差距**

对于受众而言，他们很多时候懒得详细了解并比较产品，更多时候会通过产品的文案来判断这款产品是否值得购买，因此，如果一个文案能够准确地向受众分析自己产品的优势，那么这个文案就成功了一半。

比如小米在宣传自己产品的时候，会将产品分割成一个个独立的属性，比如在描述小米 4 的不锈钢材料时，其文案如下：

一块钢板的艺术之旅。在 193 道工序的规划、设计、精密加工与生产过程中，它逐渐焕发出生机。融合工程与艺术，追求极致的精密与品质，赋予一块 309 克的钢板以生命。历经 32 小时的加工雕琢，最终凝结成您手中的 19 克。

图 1–3　小米产品宣传文案（图片来源：小米官网）

这样一篇爆款文案，与普通的手机文案“XXX 手机，质量杠杠的”相比，会更加形象地将产品材料与工艺展现在受众的面前，体现了小米手机的优势，因此，关注产品材料的受众就会毫不犹豫地购买这款手机。

**2. 标题的差距**

自媒体时代的受众，难免会有些浮躁，看文案通常只看标题。不知你是否发现，目前，生活中的那些爆款文案，都存在一个共同点：标题能抓人眼球。

就以服装特卖的文案来说吧，一般商场的文案会这样写标题：

《春季特卖，快来抢购吧！》

这种标题在服装销售界可谓是千篇一律，受众看到这种标题自然也提不起购买的兴趣。

再来一起看看台湾地区文案天后李欣频写的文案，她曾为诚品商场春季特卖写过一篇文案，其文案标题就是：

《“白”感交集的春天，“白”无禁忌》

该文案标题着重体现的就是“白色”，与文案内容相呼应，共同构建出一个白色的事物或者精神寄托物，呈现出白色的视觉画面，让受众对本次特卖形成白色的印象。也正是因为这个文案的标题，诚品商场的春季特卖取得了很好的销售业绩。

**3. 画面感的差距**

当同时描述“火锅”这款产品时，如果是普通文案，会这样写道：

这家火锅，又辣又好吃，快进店品尝吧！

而爆款文案则会这样写：

你是否怀念，寒风凛冽的冬天，和家人一起涮火锅的日子？带上家人，一起进店品尝，感受亲情的味蕾吧！

由此可见，爆款文案与普通文案的差距在于是否给受众营造了画面感，让受众更容易产生共鸣。

总而言之，文案创作者写文案的目的主要是为了改变别人的行为，如果仅仅让受众停留在普通文案的“心动”层面，不付出最后的“行动”，那么文案的写作可谓功亏一篑。因此，写文案，就是要写爆款文案。只有写出爆款文案，才能让你的文案价值实现跃升。

## 第三节　顶尖文案必备的三种思维武器

看到这里，相信作为文案创作者的你对于文案的重要性和普通文案与爆款文案之间的差别，已经有了更深刻的认知。那么，作为文案创作者，如何才能写出一鸣惊人、惊艳众生的爆款文案呢？

在系统地讲解爆款文案的创作方法之前，我们不妨先来了解一下创作顶尖文案应该具备的几种思维武器，详情如图 1–4 所示。

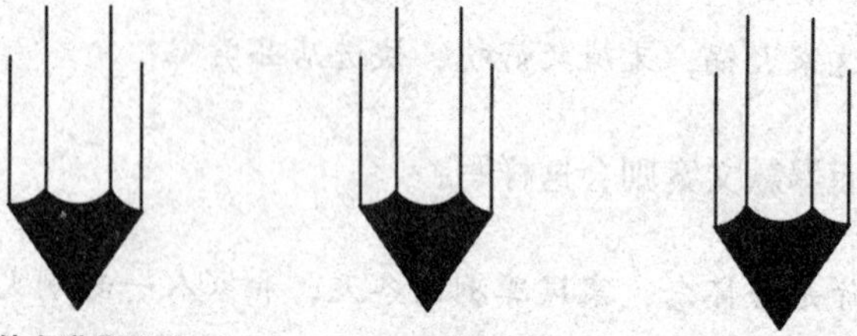


图 1–4　顶尖文案必备的三种思维武器

### “救小猫”思维：设计情节，引发共鸣

好莱坞编剧们有这样一个创作习惯，他们会特意给电影主人翁安排一些助人为乐的情节。这些情节一般都是平常的生活细节，其中，“救小猫”就是十分典型的一幕。之所以这样做，就是为了凸显出电影主人翁的人格魅力，

让他们显得更有血有肉，更具有吸引观众、被观众喜爱的特质。

好莱坞编剧们的这种创作思维，就是所谓的“救小猫”思维。简单而言，它强调的是通过捕捉观众的内心需求，创造出观众爱看且乐于接受的电影情节，以打动观众，让观众产生预期的反应。这种“救小猫”思维，同样也适用于文案创作，是文案创作者们创作出顶尖文案的必备思维之一。

关于“救小猫”思维在文案创作上的成功运用，最典型的案例就是广告大师约翰·卡普尔斯曾为美国音乐学院推销音乐函授课程时所创作的广告文案：

我坐在钢琴前时他们都嘲笑我，但当我开始弹奏时……

这则文案只有短短一句话，但约翰·卡普尔斯却通过寥寥数字，设计了一个不被人看好的演奏者坐在钢琴前准备演奏的情节，一下便将人带入到了相应的场景之中。以“但”开头的转折句和省略号的妙用，不仅勾起了受众的无限遐思，也引发了受众的共鸣。毕竟，在这个世界上，谁又没有过被人看低却又渴望扬眉吐气的时刻呢？

约翰·卡普尔斯的这则文案刊登后，曾经引起了不小的轰动。时至今日，它依然是文案创作界的“封神”之作，不断被无数文案创作者模仿着。

奥美广告（以下简称奥美）也是“救小猫”思维的文案践行者，它曾出品了一篇名为《我害怕阅读的人》的文案，专门用于帮助客户号召都市忙碌人群静心阅读，以下是该文案的节选内容：

我害怕阅读的人，跟他们谈话，我就像一个透明的人，苍白的脑袋无法隐藏。他们是懂美学的牛顿，懂人类学的梵高，懂孙子兵法的甘地，相较之下，我只是一台在 mp3 时代的录音机，过气，无法调整。我害怕阅读的人，他们懂得生命太短，人总是聪明得太迟。我害怕阅读的人，他们的一小时，就是我的一生。我害怕阅读的人，尤其，是还在阅读的人……

奥美的这篇文案，并没有常规性地劝导受众多读书，而是通过设计了一个情节，巧妙地阐释了读书的好处。在文案中，文案创作者将自己设置成了一个没时间去读书的人，并以自己的口吻讲述了不读书或者少读书的遗憾与失去，道出了那些同样读书少或者没时间读书的人的心声，引发了他们的共鸣。

正如《突破性广告》一书的作者尤金施瓦茨曾经说过的那样："广告文案的任务是启发、引导欲望。""救小猫"思维对于文案创作之所以重要，正是因为它尊重了受众的个性，运用了情感联系，能够起到很好的启发和欲望引导作用。

### "参照物"思维：巧妙对比，唤醒认知

假设有这样一种场景：两家水果店A和B都在推销西瓜，

他们在店门口的广告牌上分别写下了自己的推销文案。

水果店A：本店销售的西瓜个头大、味道好，欢迎选购！

水果店B：西瓜上市，大如篮球，甜如初恋，欢迎选购！

那么，当你看到这两条推广文案后，你更愿意走进哪家水果店呢？我想，大多数人的选择都是水果店B。因为相比于水果店A的自白、呆板，水果店B的文案更为含蓄、形象。当看到水果B的文案后，消费者一下就能铺捉到关键信息：西瓜大，有多大？篮球那么大；西瓜甜，有多甜？初恋一样甜。

水果店B的文案，就运用了文案创作的“参照物”思维——将产品或品牌与其他常见事物进行对比，为产品或品牌寻找一个参照物，以唤起受众的熟悉感，让受众对文案宣传的产品或品牌有更形象的认知。

“参照物”思维是一种非常重要的文案创作思维。尤其是在撰写一些不常见、受众不熟悉的产品的文案时，或者产品的某个功能、某个概念、买点卖点相对复杂、过于抽象、不好描述时，“参照物”思维尤其适用。它最大的好处就在于通过形象化对比，快速增强受众对产品的认知和理解。在现实生活中，运用这种思维模式撰写出的文案也非常常见，比如：

iPhone=1个大屏iPod+1个手机+1个上网浏览器。

这是乔布斯在介绍第一代iPhone手机时曾用过的一句宣传文案。当时，iPhone手机刚刚面世，大众对于“智能手机”的概念还没有很明确的认知，而这句文案则给出了形象的解释，通过这句文案，受众很快就能明白 iPhone 手机究竟是什么。

再比如：

像一本杂志一样轻薄。

这是小米笔记本 Air 的宣传文案，通过将小米笔记本 Air 与杂志进行对比，文案不仅描述出笔记本轻薄的特点，还准确地描述出轻薄的程度。当受众看到这条文案后，对小米笔记本 Air 立马就有了形象的认知。

### “紫牛”思维：突出创意，制造惊艳

试想一下，此刻的你正身处牧场，放眼望去，到处都是黑白相间的奶牛。这时候，你突然在成群的奶牛中间，看到了一头紫色的奶牛，你会产生怎样的感受呢？我想，你一定是惊喜又意外，感觉眼前一亮。

这个场景，正是《紫牛》一书的作者高汀在书中设置的场景。在这本书中，高汀传达了这样一个营销理念：具有生命力的产品或服务应该像黑白奶牛群中冒出的紫牛一样，让人眼前一亮——要想在市场中处于领先地位，拥有非凡的业绩，就必须拥有与众不同的产品或者创意。高汀的这种思维，就被称之为“紫牛思维”。

“紫牛思维”在文案创作中同样重要，它强调的是文案必须充满创意，带给人耳目一新、眼前一亮的感受。唯

有此，文案才能在千篇一律中成功出圈，抢夺受众的注意力。比如：

Ride hard die fast（骑得猛，死得快）。

这则文案来自哈雷摩托。按照常规的文案创作思路，汽车或摩托车广告文案都会着重强调产品的安全性。可哈雷摩托却反其道而行之，别人说好处而“我”专捡坏的说，直接点出了车速太快可能会带来生命危险的事实，不仅起到了很好的警示作用，也让人印象深刻。从这则文案中，我们便可以看到一种典型的“紫牛”思维——反其道而行之。

以上介绍了顶尖文案必备的三种思维武器，拥有这些思维武器，正是写好文案的第一步。

第二章

# 抓住痛点：好文案等于直击人心

无论做什么事情，拥有“共情能力”都至关重要，文案撰写同样如此。要想让自己撰写的文案具有打动受众的“共情”效果，抓住受众痛点是前提。从某种程度而言，痛点就是受众内心的情感开关，抓得越准，启动这个开关的概率就越大。

## 第一节 痛点找得好，文案更有效

奢华经典、巅峰钜献、雍容华贵、精湛工艺……每次听见这类文案，如同听见老者们唠叨的话语，无关痛痒，左耳进右耳出。这样的文案又如何能让人记忆深刻，甚至是提升转化率呢？

如果我们认真观察就会发现，在文案界中，那些令人印象深刻的、高转化率的爆款文案，一般都是有痛点的文案。写出直击受众痛点的文案，几乎是所有文案创作者都追寻的创作目标。那么，人人争相寻找的痛点究竟是什么呢？

### 痛点是什么？

在医学领域，痛点就是人的身体可能有相关病变或损伤，出现疼痛的位置。转换到文案界，顾名思义，我们可以将“痛点”理解为让受众感受到“疼痛”的文字，这里的“疼痛”可能是一种恐惧感，也可能是某种负面影响，或者是急需被满足却未能得到满足的需求等，如图 2-1 所示。

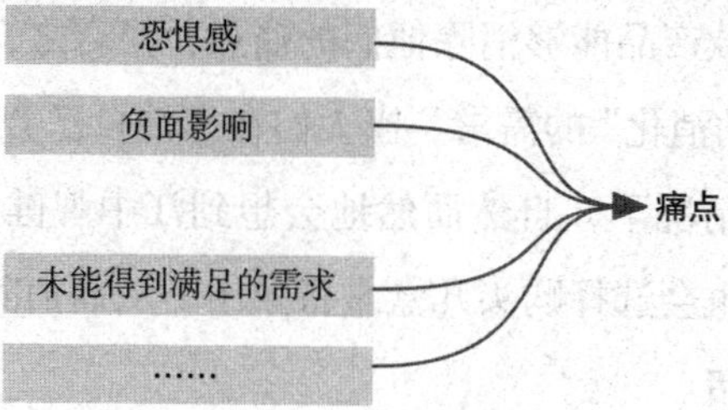


图 2-1 痛点的含义

例如，我下班时很累想打车回家，却一直打不到车，这让我产生了某种负面情绪，甚至给我带来了不便。因此，“迫切希望打到车”就是我的痛点。再例如，当我因为害怕身体不健康、有问题，便迫不及待购买医药、养生产品时，这种“害怕”的感觉就是我的痛点……

在生活中，疼痛往往更能让人印象深刻。例如，一个被马蜂蛰过的人，即便伤口愈合，身体也会记得这种疼痛，这种是生理痛点。再例如，人们常常会执着与“求不得”的东西，越是得不到，越是渴望；人们还经常惧怕不确定的事，越是害怕，就越是要提前筹谋，这就是心理痛点。

对于文案创作者而言，这些“心理痛点”都可以成为文案写作的切入点。如以前在看电视时，经常会听到的江中牌健胃消食片的广告文案：

江中牌健胃消食片，吃多了，肚子涨，饭后嚼一嚼；吃油了，不消化，饭后嚼一嚼；肚子涨，不消化，家中常备江中牌健胃消食片。

在这一广告文案中，“害怕肚子涨、不消化”就是该广告受众的痛点，他们希望在吃多了、吃油了的特定场景下，有一款产品能够消除他们的痛点，换言之，也就是满足他们“助消化”的需求。当人们在害怕自己会出现胃胀、不消化的情况下，自然而然地会想到江中牌健胃消食片，部分受众也会选择购买几盒常备家中，从而消除自己“害怕”的情绪。

通过上述案例，想必大家对痛点有了一定的了解。总之，我们可以简单地认为痛点就是人们迫切希望被满足目前还未被满足的需求，而满足需求的过程就是给人们“疗伤”的过程。作为文案创作者，如果我们能够抓住受众的痛点，并在文案中给出能够帮助受众消除痛点的信息，自然能够将受众引流到产品变现层面，这便是痛点对文案而言的重要意义。

## 有痛点文案 vs 无痛点文案

痛点是我们创作的文案能不能成为爆款的关键，是文案能否变现的重要因素。有没有痛点，痛点找得好不好，对文案的最终效果几乎具有关键性的影响。

为了让大家进一步感受痛点对文案的重要性，接下来，我们不妨一起来看一组有痛点文案和无痛点文案的案例对比。

### 1. 有痛点的文案

在 2020 年妇女节，内衣品牌内外发布了一条名为《没有一种身材是微不足道的》(《NO BODY IS NOBODY》)的视频在网络上引起热议，其打动人心的文案更是让人记忆深刻。以下是精彩文案片段：

致我的身体：

平胸，真的不会有负担。承认胸大，反对无脑。

我 58 岁。我依然爱我的身体。成为妈妈后，我没有丢掉自己。

我喜欢我的肚腩。喜欢我的人也喜欢它。

疤痕，完整我的生命线。

没有一种身材，是微不足道的。

图 2-2　内外内衣品牌宣传文案（图片来源：内外官网）

这则文案能够在网络上发酵，快速获取热度，原因在于该文案跳出了对“美”的刻板认知，阐述了新的有关“美”与“身材”的价值观。在许多人对眼中，平胸、小肚腩、疤痕等，都是不美的，而这个文案告诉所有的女性，美的标准不应该被统一，无论是哪一种身材都很美。

如今，越来越多的人因为自己的身材与主流的“白幼瘦”不和，便开始产生身材焦虑，甚至用不利于自身健康的方式，让自己变得“完美”。害怕自己“不完美”其实就是这则文案抓住的受众痛点，而消除痛点的方式就是让受众明白：美没有统一标准，每个人都是独一无二的，每个人的美也是独一无二的。

而且，随着社会的发展，越来越多的女性的独立意识开始觉醒，对生活与未来有了自己独特的定义，与之相关的话题一直热度不断。这一文案抓住的痛点正契合着这一趋势，从而能够引起越来越多人的关注。可见，内外内衣不仅抓住了痛点，还找到了一个契合品牌又自带话题流量的好痛点。

**2. 无痛点的文案**

看完有痛点文案，我们不妨再来看看无痛点文案。与前者相比，无痛点文案显得十分苍白无力，无法让人记住。例如，我曾经看到的一个音响的文案：

专注品质，带你享受极致的听觉盛宴。

如果你现在有购买音响的需求，你会因为这样的文案就去购买产品吗？我想大多数人都不会。客户在购买音响时，会考虑到它的音效、质量、材料、外观等因素，而这则文案只有自卖自夸，却没有告知客户想要了解的信息点，又怎么能打动客户呢？

除此之外，像这样的没有痛点的文案有千千万万，例如早期的房地产推销文案。这些文案大多会采用看起来大气磅礴，实则让人没有阅读欲望的短语组合，致力于向受众展示楼盘的高规格，想抓住受众对高性价比、优越的居住环境的痛点，可因为表述问题，而无法真正抓住受众痛点，最终在受众心中无法留下一丝痕迹。

总之，没有痛点的文案千篇一律，大多属于文案创作者的“自嗨式”创作。我们在创作文案时，应该从受众的角度去看待问题，揣摩他们的心理。正如李奥贝纳所说：“没有任何一个客户，会买他自己都没兴趣，或者看不懂的广告。”抓住受众痛点，引起受众的兴趣是文案创作者创作爆款文案的必要方法。

### 痛点找得好，废话变成宝

当然，抓住受众的痛点只能算是触摸到了成功打造爆款文案的方向，而在受众痛点中找出最好的，才算接触到了成功的一点小窍门。痛点找得好，废话也能变成宝，成为文案引爆的关键。最近被人津津乐道的废话文案就能印证此点。

作为文案创作者，在网上“冲浪”寻找灵感是日常。前段时间，我发现不管在哪里都能看见一些废话文案，如：

听君一席话，如听一席话。

关于明天的事儿，后天就知道了。

据我所知，我一无所知。

……

这样的废话文案在电影电视弹幕中，在社交平台的互动中，成了“活跃分子”，其传播速度可以称之为现象级传播。想必有不少人觉得奇怪，凭什么废话也能成为“爆款”？

其实，废话文案并非废话，甚至还能达到特殊的修辞效果。例如鲁迅先生的名句：

墙外有两株树，一株是枣树，另一株也是枣树。

这从侧面证明“废话”是有特殊效果的。而且，废话文案能够展现对信息密度的讽刺与批判，抓住了人们的痛点，这让“破圈”成了可能。要知道，当今社会信息泛滥，读完好几千字的内容却没有获取一点有价值的信息，似乎已经成为普遍现象。于是，人们开始用“一段废话”来讽刺“一段废话”，来传递自己的不满。由此可见，废话文案抓住了受众“想要获取高价值信息”的痛点，从而引起广泛传播，成为“爆款”。

废话文案设计得好，也可以被用于产品推广，例如农夫山泉的知名文案：

我们不生产水，我们只是大自然的搬运工。

任何一个纯净水、矿泉水品牌都无法生产水，只能加工水，然后再贩卖给受众。这句文案实际上就是把大家都知道的事情描述了出来，也属于废话的范畴。但就是这样的废话，向受众准确表达出了“水源纯天然，无添加”的信息，抓住了受众“追求天然”的痛点，从而让人记忆深刻，并快速传播。

再例如，韩都衣舍在今年教师节推出的宣传文案：

让所有人成为你的老师，也别让所有人成为你的老师。

这则文案用了两句差别不大的话，乍一看是废话，细读下来却有一定的哲理：我们应该向周围的人学习，也应

图 2-3　韩都衣舍宣传文案（图片来源：韩都衣舍官方微博）

该有自己的思考与创新，不盲信。这则文案将废话妙用，不仅紧密贴合教师节，还展现出了爱创新、爱思考的理念，在一定程度上有利于提升品牌形象。

还例如，vivo 手机的“520”宣传文案：

从前我喜欢一个人，现在我喜欢一个人。

两句文字一样，但意思却不一样，读起来也十分有趣。其实这样的废话文案在文案界还有很多，成为爆款的也不少。总而言之，痛点抓得好，废话也能有作用，甚至还有可能成就爆款文案。

正所谓“射人先射马，擒贼先擒王”，做事抓住要害再行动，往往事半功倍，爆款文案创作亦是如此，紧抓痛点，才能直击受众的心。

## 第二节 你认为的痛点，未必就是真正的受众痛点

“我写了上千篇文案，为什么没有一篇成为爆款？”

“我明明是根据痛点写文案，为什么受众还是不‘买单’？”

当你产生这些疑问时，不妨先问问自己：“我找的痛点，确定是受众真正的痛点吗？”只有抓住受众的真痛点，才有机会创作出直击人心的爆款文案。那么，怎么辨别痛点的真伪呢？

阅读本节内容，或许你会有不一样的收获。

### 不替受众考虑痛点的都是伪痛点

在辨别痛点的真伪之前，我们先来看看伪痛点是怎样的。简单而言，所谓的伪痛点就是文案创作者自认为的痛点，是从自身角度思考而非从受众角度思考得出的结果。换言之，伪痛点的特征就是不替受众思考。在伪痛点基础上创作出的文案，都是无用的文案，哪怕文笔如何出色，也无法引起受众的共鸣。

屠龙之术的故事想必大家都不陌生，说的就是此理。相传古时候有一人叫朱泙漫，散尽家财拜屠龙高手支离益为师，苦学屠龙的剑法。三年后，他学成回乡，向同乡人展示自己高超的屠龙剑法。忽然一乡亲说道：“你确实学成了高超的屠龙之术，可是这世上却没有龙啊！”

即便学习的屠龙剑法如何高超，可对人们没有用，这就是白费力气。有很多文案创作者也会面临这样的情况，以为自己找到了受众的痛点，进而废寝忘食、绞尽脑汁写出一则文案，却没人理会。究其根本，还是找错了需求，或者把自认为的需求当作是受众的需求。例如蚂蚁花呗曾经推出的一则文案就是如此。

一家三口的日子，再精打细算，女儿的生日，也要过得像模像样。

——王少刚 37 岁　施工队队长

用花呗给女儿过生日。

图 2–4　蚂蚁花呗广告文案

在这则文案中，37 岁的施工队队长连给女儿过生日都要使用花呗付款，说明其家庭并不富裕，只到达满足温饱的标准。而文案却透露出这样的意思：用花呗超前消费，给女儿买大蛋糕，才算得上是一位好父亲，才能让女儿过一个好生日。可是使用花呗也需要还款，还需要支付利息，如果这位父亲无力偿还怎么办？他的女儿得知真相后真的会开心吗？难道选择一家人欢聚一堂、给女儿做生日面的方式不行吗？

这一文案看似抓住了父亲“想让女儿开心过生日”的痛点，实则根本没有痛点。设身处地，代入父亲的角色，这则文案无法引起共鸣，甚至还会让人反感，归根到底就是没有为受众考虑。

如同这样的文案还有许多，表面是在为客户着想，实际上没有一点温度，甚至为了让受众使用产品故意隐藏某些信息。这些文案抓住的痛点都是伪痛点，由此创作的文案，往往只感动了创作者本身，受众却不会买账。

俗话说，“解铃还须系铃人”，辨别痛点真伪的根本还是系铃人，即受众。我们为受众考虑，满足受众真正的需求，才有可能抓住受众的心。

## 真痛点来源于受众的真需求

你是否有过这样的经历：在不经意间发现一些文案让你忍不住拍案叫绝，让你和周围的人大呼“真懂我啊”，甚至让人久久不能忘怀？

毫无疑问，这样的文案，往往都抓住了受众的真痛点，可以形成“一传十，十传百”的良好传播，是万里挑一的爆款文案。例如，宜家比因思塔高背扶手椅的推广文案：

群居动物也会需要独处时光，
高高的椅背，即使在开放的空间，
也能隔绝出一个舒适的个人专属角落。
可以随心享受静谧的独处时光。

将身体陷入柔软的椅子，

打会儿瞌睡，玩会儿手机，放下疲惫。

这则文案里对标的是需要独处空间的受众，他们需要的空间不大，却希望这个空间能让人舒服地休息一会儿。这就是他们最真实的诉求，也是文案抓住的真痛点。

再来看看宜家为洗碗机创作的文案：

吃饭一刻钟，洗碗一小时。

洗碗，是生活中的绊脚石之一，

看着满桌狼藉，油腻的碗盘，

只想在酒足饭饱后，窝在沙发里。

理想生活，洗碗不动手。

嵌入式洗碗机，黑色，￥3999.00。

“吃完饭后不想洗碗”是受众真正想要的结果。这则文案先刻画出大多数受众有关洗碗的生活细节，凸显出洗碗的麻烦，然后告诉受众理想的生活就是不用动手洗碗。最后点名产品，言外之意就是使用这款洗碗机，可以让受众过上不用洗碗的理想生活。

这则文案能够打动受众的根本原因，就是“真”，构建的生活场景很真实，从生活中抓取的还未被满足的需求很真实，针对真需求抓住的痛点也很真。

不论是宜家，还是其他品牌，文案创作者确定的真痛点一定来源于受众的真实需求，这些真实需求大致又可以分为两类。

第一类是受众急切希望被满足的需求，这类需求也是最明显的痛点。例如葵花牌口服液的文案就是抓住了这一痛点：

孩子咳嗽老不好，多半是肺热，快用葵花牌小儿肺热咳喘口服液。

先直接摆出痛点，然后告诉受众解决方案，直接明了，却又能让受众记住。当然也有含蓄一点的表达，如丽兹酒店的宣传文案：

所有梦境都发生在丽兹。

这文案的潜台词是：如果你有“想要优质的、梦幻的酒店居住”需求，就选择丽兹酒店吧。虽然没有明说，也能让受众明白其意思，从而加深印象。

第二类是受众希望在满足需求的同时，获得更好的体验。例如万国表（IWC）的文案就是针对这种痛点来写文案的：

我们真不知道一只万国表能走多久，因为我们只成立了 140 年。

这则文案用成立时间，来说明一只万国表至少能够走 140 年。对于受众而言，选择购买中、高端手表，自然十分关注其品质。手表拥有好品质，就已经满足了受众的需求，而超过受众想象的好品质——至少 140 年的使用时间，则能够提升受众的体验。

总之，抓住真痛点的文案，可以避免“自嗨”，能让受众陷入其中，回味无穷。但要做到快速传播，还有一个必要条件，即大部分受众的痛点，换言之，就是要抓住具备普遍性的真痛点。

### 普遍性的真痛点才能广传播

“为什么我的文案抓住了受众的痛点，却依旧成不了爆款文案？”在撰写文案的过程中，许多文案创作者或许会发出这样的疑问。之所以会这样，原因很简单：因为你抓的受众痛点，可能并不具备普遍性。

所谓爆款文案，一般而言有两个特征，即传播人数多和传播速度快。如果你在创作文案时，只抓住少数人的痛点，那么传播的人数就会下降，传播效果会大打折扣。而且，如今是互联网时代，真正的热点会在短期内快速传播，如果无法达到这一点，就会被每天巨大的信息流淹没。

你的文案无法成为爆款，问题可能就出现在传播人数和传播速度上。如果你找的真痛点只是一小部分人的痛点，没有普遍性，只能引起一小部分人的共鸣，传播的人数自然上不去，同时也会无法提升传播速度，又谈何成为爆款文案呢。

由此可见，我们在创作文案时，找到受众的真痛点还不够，还要找出具有普遍性的真痛点，如此方能提升传播效果，例如百度高考微电影《答案》。

该片讲述了面对高考志愿填报，一位母亲选择向熟人打听后再填报信息，而儿子阳阳则选择上百度查询信息。

两代人在寻找答案的方式上的不同是故事的矛盾，最后母亲做了让步，在笔记本写下“听阳阳的”，二人在结果上达成统一。在故事的最后，有这样一句文案作为结尾：

愿你不必百度，也能找到答案。

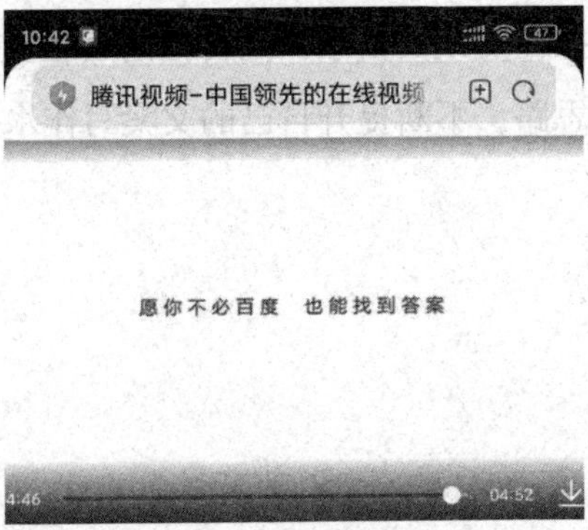


图 2–5 百度宣传文案（图片来源：微电影《答案》截屏）

这则文案既强调了百度搜索在高考志愿填报时有辅助性作用，同时也升华了主题：人生这件大事，总有无数的答案，唯有你心里的那个决定，才是唯一的答案，希望所有人不必百度，也能找到人生的答案。

一句看似平凡的文案总结，却让这个故事变得不平凡，归根到底还是抓住了受众的痛点，引发了情感上的共鸣。不止是高考志愿填报，我们在生活中，都会遇到各种各样的问题，而且大部分人都习惯上百度查查解决方法。这则文案抓住了受众“想要获得问题解决方法”的普遍性痛点，还能引起受众的思考，产生共鸣，很难不被人记住并传播。

总之，我们在创作文案时，也需要从受众的真正需求出发，找出“受众们”的普遍性痛点，以此作为文案创作的切入点。

总而言之，百尺竿头更进一步，非一日之功，作为文案创作者，我们除了要学会找痛点外，还需要进行日常积累，从那些抓住受众真需求、高传播的爆款文案中学习其精髓，打开思路，不断提升自己的文案写作水平。

## 第三节　聚焦目标受众，从沟通对象的需求中去寻找痛点

在文案圣经《创意之道》(*The Copy Book*) 一书中，有这样一句话让我难忘："广告无法为一个人们不需要、不渴望拥有的产品塑造奇迹。"这句话的意思是，如果受众没有相关需求，就算我们能把文案"写出花儿"来，也没有结果。而且我们无法写出受所有人欢迎的文案，因此有针对性地创作文案至关重要。

有针对性的创作，需要做到聚焦目标受众，然后了解他们，通过他们的需求，找出他们的痛点，再以痛点为文案创作切入点。如此，方有可能写出爆款文案。

### 目标受众的三个特征

"我的文案'爆'了，为什么产品却没卖出几件？"

出现这种状况的根本原因在于你的文案没有找准目标受众。例如折叠型减少空间的高端家具，你可能会认为其目标受众是有经济实力、追求高端品质生活的人群。但这类人群不会有房间空间不足的问题，他们自然会直接购买整体的高端家具。由此可见，正确的目标受众对文案的最终效果有着决定性的作用。

那么，哪样的人群才是我们的目标受众呢，他们又有

哪些特征？归纳起来，真正的目标受众一般具有以下三个典型特征，如图 2-6 所示。

**图 2-6　目标受众的三个典型特征**

### 1. 能够接收产品信息

从产品的宣传渠道来看，能够接收到产品信息的人群，才会有机会进一步了解产品信息。例如，当一个人要购买真丝丝巾时，她不知道从哪个渠道才能了解到她需要的产品，又如何购买呢？

### 2. 有相关需求

从产品的作用来看，有相关需求的人群才有可能成为我们的目标受众。假如我们的产品是一款以像素高为主打卖点的手机，目标受众是追求手机高质量摄像的人群，没有相关需求的人自然不会关注。

### 3. 能承受产品价格

从产品的价格来看，能承受得起的受众才是我们的目标受众。假如，三盛悦龙门的文案是这样的：

房子之后是圈子。

约 2400 $m^2$ 中央公园式大草坪，一线滨水大平层，长乐塔尖的一致之选。

半岛孤品，传世藏品。

当一名普通工作人员看到这样的文案时，十分心动，可经济上不允许。那么，这类人群便不是文案与产品的目标受众。

总的来看，目标群体就是在产品宣传范围内、有需求、买得起的人群。我们写文案就是为了与这类人群进行沟通，让他们了解我们，并愿意购买我们的产品。

## 目标受众定位的两大方法

明确了目标受众的相关特征后，接下来要解决的问题是：如何来定位目标受众呢？要回答这个问题，还需要从定位目标受众的意义说起。

定位目标受众的意义在于，我们可以针对目标受众的痛点，写出他们感兴趣的、愿意传播的文案。定位真正的目标受众，就是解答“我们的产品要卖给谁？我们的文案是写给谁看的”这两个问题的过程，因此，我们可以用下面两个方法来定位目标受众。

### 1. 通过人群特征定位目标受众

人群特征主要包括人群标签、人群喜好、待满足需求、与本品类的关系、与本品牌的关系、对产品的印象等相关内容，详情如表 2-1 所示。

表 2-1　人群特征定位表

| 人群特征 | 具体内容 | 参考示例 | 人群特征填写 |
| --- | --- | --- | --- |
| 人群标签 | 明确对标人群的基本特征 | 如性别、年龄、地域、教育水平、职业、收入状况、婚姻状况等 | |
| 人群喜好 | 明确对标人群的兴趣爱好 | 他们喜欢在哪里购买商品；他们喜欢使用哪些购物渠道；他们的消费价值观是怎样的等 | |
| 待满足需求 | 明确产品可以满足对标人群的需求 | 如一款内存大的手机，可以满足受众储存多部高清电影、特大文件等需求 | |
| 与本品类的关系 | 了解对标人群对本品类产品的态度 | 他们使用或购买该品类产品的频率 | |
| 与本品牌的关系 | 了解对标人群对本品牌的亲密度 | 他们使用或购买该品牌产品的频率 | |
| 对产品的印象 | 明确本品牌宣传在对标人群中产生的效果 | 是否认识、了解我们的产品和品牌；对外卖的产品有怎样的印象 | |

通过明确对标人群的基本特征，我们可以了解受众的消费水平以及对价格的敏感度。

明确对标人群的兴趣爱好，我们才能投其所好，明白文案应该怎样表达才能引起他们的共鸣。

明确产品可以满足对标人群的需求，是为了寻找受众购买的点。我们可以将产品的特征、功能、产地、价格组成、工艺、生产过程、使用场景等都记录下来，方便文案创作时参考。

了解对标人群对本品类产品的态度，才能根据受众的态度创作想用的文案。如果受众从来没有买过同品类的产品，我们就需要通过文案，告诉受众这类产品的作用，让受众知道这类产品的存在；如果受众已经购买过类似的产品，我们就需要搞清楚他们购买的原因，再根据这一原因进行文案创作。

了解对标人群对本品牌的亲密度，能让我们明白文案创作要分重点。假如大部分人都未曾买过我们的产品，那么我们的文案重点就是对品牌的说明与形象的刻画。而如果大部分人都买过我们的产品，那么我们就需要打"感情牌"，加强受众对我们品牌的信任。

明确本品牌宣传在对标人群中产生的效果，可以了解到宣传的效果，从而根据受众的意见，进行文案、宣传工作的修改，进而写出让受众更满意的文案。

根据人群特征表，来理清上述六个内容后，目标受众也会更清晰，接下来我们再根据他们的诉求，进行文案创作。

**2. 通过竞品分析定位目标受众**

一般而言，互为竞品的目标受众大部分是重合的，找到竞品的目标受众，也就意味着找到了自己的目标受众。我们可以通过表 2-2 所示的竞品分析工具来明确竞品的目标受众。

表 2–2　竞品分析工具表

| 工具 | 操作方法 |
| --- | --- |
| 同款商品的评价 | 打开淘宝、亚马逊、拼多多等消费者端 APP，搜索竞品，查看它们的评价。从评价里相关受众的头像、评价的内容等信息去总结消费人群的年龄、性别等信息，然后制订受众画像 |
| DMP 工具等数据搜索分析 APP | 使用 DMP 工具的商家可以在后台获取人群包的推广数据，通过分析从而得出商品的初版受众画像，从后台获取的关于受众画像的特性包含四个方面：人口属性、行为偏好、消费能力、受众轨迹 |

通过上述工具，找出受众信息后，将其总结制成受众画像。我们在创作文案时，都是为这一受众画像对应的人群服务的。

## 在目标受众的需求中寻找痛点

确定目标受众还不够，要创作出爆款文案，还需要找出目标受众的痛点。要知道，面对同一个品牌的同一个产品，不同的目标受众有着不同的需求，我们可以抓住的受众痛点也有所不同。那么，我们应该如何根据目标受众的需求来找到最佳痛点，进行文案创作呢？归纳起来，主要有以下两个步骤。

### 1. 第一步：将目标受众的需求进行细分

在《消费者行为学》一书中，作者将受众形象分为真实自我形象、理想自我形象、社会自我形象和理想社会形象四种类型。不同的需求，对应着不同的自我形象，选择的切入点也会不同，详情如图 2–7 所示。

图 2–7 受众的四种自我形象

当目标受众有购买日常用品的需求时，基本上是被真实自我影响着的。这时候受众的痛点是追求真实有效，相应的文案就可以从这点切入。

当目标受众的社会角色不同时，文案的方向也会发生变化。例如，我们的目标受众大多是银行工作人员，无论他们私下生活怎样，在扮演社会角色时，总是会选择有质感的产品，因此我们在创作文案时，可以从产品的品质、质感、格调方面切入。

当目标受众对自己的社会形象不满意时，就会产生出改变自己的需求，开始受到理想自我形象的影响。许多奢侈品在创作文案时，就是利用受众希望提升自我的痛点，创作出好文案的。

例如香奈儿的文案：

想要无可取代，就必须时刻与众不同。

当目标受众不满意社会自我形象时，就会产生向理想社会形象转变的需求，此时，“如何塑造理想社会形象”

就是他们的痛点。这个痛点，也正是文案的切入点。

**2. 第二步：明确文案要解决的问题**

一般而言，大多数产品的文案要解决的问题有三个，即让目标受众更加了解我们的产品；满足受众需求（回答或解决受众的问题）；提高产品的销量，或者提升产品的品牌形象。

在确定了目标受众的自我形象的前提下，依次解决这三个问题，并将答案组合成文案内容，进行润色修改后，完成文案创作。

以豆瓣酱为例，用上述方法来创作文案。豆瓣酱作为日常生活用品，其目标受众大多是被真实自我形象所影响，他们的关注重点是好吃，这就是文案的切入点，同时思考解决上述的三个问题：

加深受众对豆瓣酱的了解：为什么受众觉得好吃？因为酱香浓，闻着就香。

满足受众需求：我们的豆瓣酱不仅好吃，还适用于任何菜的制作，并能拌饭。

提高豆瓣酱销量：有些酱料老人和小孩都不能吃，会影响销量。而我们的豆瓣酱很安全，老人小孩都能吃，而且喜欢吃。一家人可以高高兴兴地聚在一起吃饭，不会因口味问题分餐。

最终，我们将上述信息进行整合，可以得出这样的文案：

酱香浓郁，餐餐相“拌”，快乐吃饭。大小都爱吃的酱。

当然，除了上述方法，我们还可以运用调查问卷、访谈的方式，与目标受众进行更为直接的沟通，并根据结果找出受众的痛点，然后再进行文案创作。

## 第四节 文案 GPS，帮你找到受众最想看的点

在驾车时，使用 GPS 导航系统辅助驾驶，能够让我们选择最佳路线，更快地抵达目的地。而文案 GPS 的功效与汽车导航相似，能够让我们迅速了解受众的需求，并找到受众的核心痛点，从而提升创作出爆款文案的可能性。

### 文案 GPS 的四大内容

一般而言，文案 GPS 主要包含以下四个方面，如图 2-8 所示：

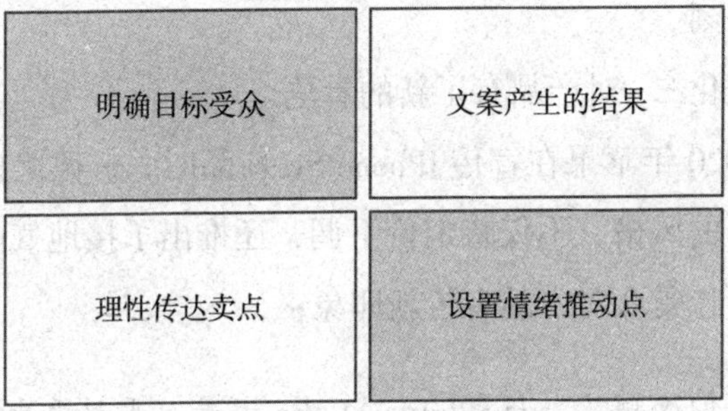


**图 2-8 文案 GPS 的四大内容**

#### 1. 明确目标受众

明确目标受众，就是明白我们的文案是给谁看的。在这一方面，我们需要综合受众的各方面信息来思考，包括受众的年龄、性别、爱好、消费习惯、消费观念等。至于

如何明确受众目标，并找出目标受众的需求，在上一节中已经详细描述过，在此不再加以赘述。

**2. 文案产生的结果**

文案产生的结果是指我们写出的文案可以给受众带来的变化。一般而言，文案能够让受众产生以下四种变化。

变化一：对产品有一个深刻的认识。

比如，小米体重秤的文案带来的变化结果，就是加深了受众对该这一款体重秤精准功能的认知：

> 小米体重秤：
>
> 100 克，喝杯水都能感知的精准。

受众购买体重秤的最大需求就是精准，这则文案正是抓住了这一点，用具体的数字凸显其精准度，从而让受众印象深刻。

变化二：对产品有了新的看法。

2020 年苹果在宣传 iPhone SE 新品时，一改之前“高大上”的风格，不仅将定价下调，还推出了接地气的宣传文案，让受众对产品有了新印象：

> 咱们这颗芯，与 iPhone 11 Pro 大哥，平起平坐。
>
> 我们把 iPhone 11 Pro 的芯，放到了 iPhone SE 的身体里。A13 仿生是 iPhone 迄今最快的芯片，没有之一。因此，无论是打开 App 玩新款游戏，还是用增强现实来解锁工作和娱乐的新方式，都十分流畅。

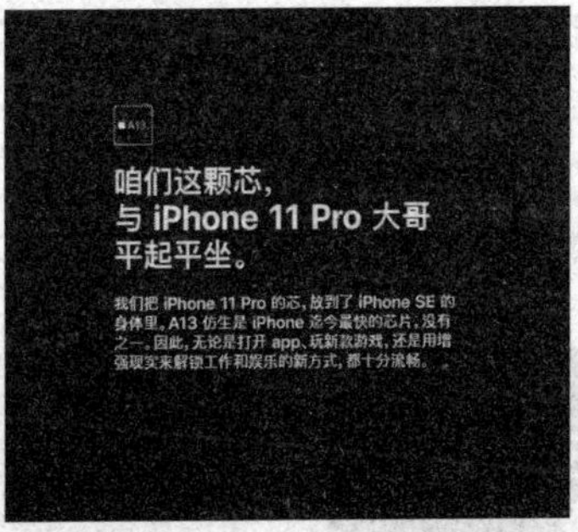


**图 2-9　苹果新品宣传文案（图片来源：苹果中国官网）**

在大多数人的印象中，苹果手机一直走的是高端、有质感的路线，而这则文案采用了接地气的语句，用文案拉近了受众与品牌间的距离，打破了人们对苹果的固有印象，而且这则文案还向受众传达出这样的信息：iPhone SE 采用的芯片是 iPhone 11 Pro 的高级芯片，但前者的价格却明显低于后者，这款手机算得上是苹果系列中性价比之王。

变化三：更加认同文案与品牌。

在妈妈眼里，你不叠被子就相当于住在猪窝里，但她还是会悄悄给你叠好被子。

在母亲节时，京东选取了天下妈妈的一个共同点作为文案的重点，拉近了与受众之间的距离，同时还让受众感受到了品牌的温度，有利于加深受众对品牌的认同度。

变化四：决定购买产品。

比如，红星美凯龙在推广“人间真实家具”时，创作的文案就是为了达到让受众购买产品的结果：

镇守评论区礼仪之无上至宝。人间真实家具，狗头保命石。

得天独厚，尽享猫式孤独。人间真实家具，人爬架。

**图 2-10　红星美凯龙宣传文案（图片来源：微博）**

新颖的产品、独特的命名方式，以及诙谐幽默的文案，让受众看了文案后，生出想要购买的欲望。

**3. 理性传达卖点**

理性传达产品卖点就是在文案中罗列产品的卖点，确保受众全面了解产品的信息。如果产品卖点太多，我们还需要进一步筛选卖点，找出最能引起受众关注的卖点，具体方式如图 2-11 所示。

**图 2-11　筛选卖点的三个步骤**

### 4. 设置情绪推动点

设置情绪推动点就是让文案产生正面情绪或者负面情绪。其中，正面情绪主要包括高兴、信任等，负面情绪则包括生气、害怕等。一般情况下，含有负面情绪的文案，更容易被受众记住。

为了方便理解，我们一起来看下面两组文案的对比。

文案一：

> 如果眼泪是自己的手擦干的，那它就白流了。
>
> 你可以坐在办公室的装有椅套和软垫的椅子上，抽出你的支票本，拧开笔尖，用黄金做的 Mont Blanc 水笔，给你最喜欢的慈善机构捐献一笔巨款。内心感觉很舒服，但是，他们不需要你的钱，你能捐献一点点时间吗？你只要花一点儿时间陪陪他们就够了。

文案二：

> 陪伴本来就是这个世界上最了不起的安慰。

这两则文案的主题都是陪伴，前者传递出悲伤，而后者则偏向传递正面情绪。两者想比，前者更容易给人留下印象。

总之，我们在利用文案 GPS 创作文案时，可以从上述四个方面来思考。

文案 GPS 使用示例

接下来，假设我们的产品是零添加的婴幼儿湿纸巾，来一起看看具体如何运用文案 GPS 来创作文案。

第一步，定位目标受众。显而易见我们的目标受众是妈妈们。

第二步，确定变化结果。作为婴幼儿产品售卖者，肯定不会想做一锤子买卖，而是希望受众能够信任我们的品牌，成为我们的回头客。因此，在变化结果上，我们是希望妈妈们阅读完文案后，能加深对产品和品牌的认识。

第三步，客观理性地告知受众我们的湿纸巾的卖点——零添加、亲肤无刺激、适用于敏感肌等，加深受众对产品的了解与印象。

第四步，设置情绪推动点。只有卖点，恐怕还不能引起妈妈们的兴趣，我们需要考虑到这些卖点究竟有什么用，对婴幼儿有什么样的好处。上面提及到的卖点最终的指向都是“产品十分安全，可安心使用”。我们在创作文案时，可以利用产品的安全性来吸引受众，让受众在了解产品后，产生一种“这个牌子还不错”的感觉。

确定完所有步骤之后，我们可以将内容填充到 GPS 目标大纲中：

表 2-3 文案 GPS 使用示例

| | |
|---|---|
| 目标受众定位 | 妈妈们，她们十分重视产品的安全性 |
| 文案产生的结果 | 妈妈们在看完文案后，对这款湿纸巾有了初步的了解，并且愿意点进产品详情页了解更多 |
| 理性传达信息 | 湿纸巾零添加，亲肤无刺激，适用于敏感肌，十分安全 |
| 设置情绪推动点 | 这个牌子还不错 |

通过文案 GPS，我们可以写出最终文案：

零添加，无刺激。

为敏肌研制。

更安全的婴幼儿湿纸巾。

当然，上述举例只是为了让大家了解如何使用文案 GPS，为大家提供一个创作思路，其最终文案还可以继续优化。

总的来看，使用文案 GPS 来创作，能够帮助我们快速理清思路，找出最为直接，最吸引客户的点。用好文案 GPS，可以快速提升写作的专业性。接下来，大家可以尝试练习一下：假设产品是真丝丝巾，该如何填充文案 GPS 的四大内容？

## 第五节　针对痛点开出“止痛药”的三种文案创作模式

俗语有言：“害什么病，开什么方。”找到受众真正的痛点只是明白“病症”所在，消除病症还要针对痛点为受众开好“止痛药”。对于文案创作者而言，要想让自己创作出的文案成为“止痛药”，在创作文案的过程中，可以参考以下三种文案创作模式，如图 2-12 所示。

图 2-12　针对痛点开出“止痛药”的三种文案创作模式

### “卖点陈述”式

受众的痛点是受众未被满足的需求点，“卖点陈述”式的文案创作方法，就是将能够满足受众需求的卖点，直截了当地描述出来，从而达到消除受众痛点的目的。例如，S&W 罐头的报纸文案：

The only other thing we add is salt.（我们唯一添加的东西就是盐。）

受众在购买食品时，最大的痛点是“害怕食物有过多的添加剂，对身体健康带来不利影响”，而这则文案直接用一句话告诉受众，“我们的罐头没有添加剂，只有盐”。这既是产品的卖点，也是消除受众痛点的有效方法。

除了 S&W 罐头，许多知名品牌都选择了这种文案创作方式。例如兰蔻官方旗舰店中，“水啵啵”粉底液礼盒的文案：

“水啵啵”粉底液礼盒，

24H 水润贴妆，鲜活不暗沉。

**图 2–13　兰蔻宣传文案（图片来源：兰蔻天猫官方旗舰店）**

受众在购买粉底液时，会害怕产品到手后，发生卡粉不贴妆、暗沉的问题，这就是受众的痛点。这则文案虽然只有短短两行字，却直接告诉受众这些痛点都不用怕，我们的卖点就是消除痛点的“良方”。再加上，兰蔻作为知名品牌，本身具备一定的品牌公信力，受众更容易对其文案与产品产生信任感。

作为文案创作者，我们就可以采用 S&W 罐头、兰蔻等品牌，用“卖点陈述”的方式创作文案，消除受众痛点。

值得注意的一点是，在陈述卖点时，我们要将卖点数量控制在一个合理的范围内，否则很容易带来负面影响。当我们的品牌知名度不高时，过多的卖点只会让受众觉得我们是在“自卖自夸”。对此，我们最好根据受众最核心的一个真痛点，来陈述对应的卖点，老老实实，本本分分，打造一个“老实人”形象，这样更容易获得受众的信任。

当然，我们在陈述卖点时，也可以含蓄一点，通过侧面描述来凸显产品的卖点。例如，前奥美全球执行创意总监尼尔·法兰奇为洋酒马爹利创作的文案：

左边这里是颗完美的葡萄。要4000颗一模一样的这种葡萄才能制成一瓶金牌马爹利。换个说法：法国每年采收的上百亿颗葡萄中，只有极小一部分能用来制造干邑；然而其中60棵葡萄中又只有1颗才能酿造马爹利（你大概开始能够欣赏某种对品质近乎着魔的关切了吧）。

那么，想一想下面的事：在一次大战将尽时节，在欧洲，在大部分本行文字的受众还没出生，电视还没有发明以前，在新加坡成为国家前25年，我们采摘葡萄酿制成酒，蒸馏这酒成干邑，这干邑在木桶静静躺卧，三代酿酒世家的酒窖主人小心守护，直到今年，这原初的葡萄才成为唯有非常幸运者才能享受的金牌马爹利。不难理解，在这种情况之下，完美的代价昂贵。

购买马爹利酒的受众的痛点就是“希望买到高品质的洋酒”，尼尔为了消除受众这一痛点，在这则文案中并没有直接对受众说“你看，马爹利酒都是高品质”。而是选择以原材料为切入点，告诉受众马爹利的选材十分严格、酿造时间十分漫长，从而凸显出马爹利酒的高品质。

其实，我们在创作文案时，无论是正面陈述，还是侧面描写；无论是描述单一卖点，还是描述多个卖点，都要综合各方面因素（如品牌知名度、受众黏性、产品调性等）来考虑，选择最适合自己产品、最能引起受众共鸣的方式。

### “痛点＋解决方案”式

“痛点＋解决方案”式就是开门见山，先直接将受众的真实痛点描述出来，然后根据这一痛点给出相应的解决方案。这种方式最为直接，效果十分明显。例如，一些令我们耳熟能详的广告文案：

怕上火，喝王老吉。

经常用脑，多喝六个核桃。

……

这些广告文案在不知不觉中，让我们形成了潜意识，常常脱口而出。作为文案创作者，我一直认为这样的文案太没有技术含量，之所以能够传播的根本在于循环播放，给受众“洗脑”。

但现实却狠狠打了我一记耳光，这些我认为很简单的文案，反而比那些用词华丽、富有哲理的文案，更让人记忆深刻。例如，每次吃火锅时，害怕上火，人们第一时间就会选择边吃边喝罐王老吉；父母担心孩子学习太辛苦，用脑过度，会给孩子买六个核桃……

这些看似简单的文案之所以能够达到如此效果，其根本原因在于文案将受众的痛点精准地描述了出来。当受众产生类似痛点，或者类似的需求得不到满足时，他们就会直接联想到这一文案。

作为文案创作者，我们在解决受众需求时，也可以采用此种方法。先开门见山将受众痛点描述出来，然后给出解决方案，让受众在痛点与文案、产品间建立联想点。值得注意的是，在描述痛点时，越具体越好，这更有利于引起受众共鸣，更加快速地通过痛点联想到我们的产品。

图 2-14　小红书宣传文案（图片来源：小红书小程序）

例如，小红书在 2021 年 6 月在上海举办了一场“夜逃”活动，其宣传推广文案如下：

你总说没有时间，其实是没有自己的时间。

就今天，就今晚，

熬一晚不一样的夜，哪怕只有 12 小时。

6 月 6 日晚上 6 点，小红书出逃计划，敢不敢，溜出来。

对于当代年轻人而言，

加班、开会等都是生活日常，他们的痛点就是“没有自己的时间”，而小红书针对这一痛点，给出了解决方案“参加夜逃计划，拥有完全属于自己的12个小时”。虽然就文案内容而言，显得十分平淡，但却能抓住受众的心，成为爆款。这就是“痛点+解决方案”式文案的魅力所在。

### “解决文案+预计效果”式

“解决方案+预计效果”式创作方式，就是先根据受众痛点，找出相应的解决方案，然后再给出按照方案实施后可能会达成的效果。

例如，如果你是一名穿搭博主，那么你的目标受众就是想要学穿搭的人，他们的痛点无非是“不会穿搭”或者“穿搭得不够好看”，针对这些痛点，你可以这样创作文案：

12件衣橱必备单品，搞定一周穿搭。

针对痛点，你给出的“止痛”方案是给受众推荐12件单品，实行方案的预计效果是“搞定一周穿搭”，直接明了。

再例如，智联招聘的推广文案也是采用的此种方式：

为自己谈个好价钱，生活里再也不关心价钱。

受众应聘一家公司，主要的关注点是薪资、发展前景、工作环境、同事氛围等，这些也是受众的痛点。而对于一些人而言，薪资是最为核心的痛点。这则文案以薪资为切入点，告诉受众使用智联招聘，给自己谈好薪资，将会提升生活品质，再也不用为了缺钱而担心，这是受众希望达到的效果，自然可以吸引受众。

以上就是针对痛点为受众开出“止痛药”的三种具体文案创作方式。在创作文案时，我们可以具体问题具体分析，选择最合适的、目标受众更为喜欢的方式。

# 第三章

## 打造标题：文案的阅读量，80%由标题决定

标题对于文案的重要性不言而喻。如果把标题比喻成满园春色，那么文案就是锁住春色的院门。受众首先要愿意跨过这道“院门”，而后才能欣赏“满园美景”。文案的阅读量，80%由标题决定。标题出彩，文案的撰写也就成功了一半。

## 第一节　一个好标题应该具备的三大要素

何为标题？

百度的解释有三种：标识于器物或字画上的题记文字；标明著作及其篇章的题目；标明文章、作品等内容的简短语句。

结合我自己的理解，我认为这三种解释都不够准确。更精准、更直接的解释应该是：标题是受众第一眼看到的内容。它的作用主要体现在两方面：一是概括通篇内容；二是吸引受众注意。

正如广告教父奥格威所言："阅读标题的人数是阅读正文人数的5倍。除非你的标题能帮助你出售自己的产品，否则你就浪费了 90% 的金钱。"如今，我们正生活在一个信息泛滥、耐心缺失的年代。当铺天盖地的信息迎面而来时，留给受众决定是否要点开或者继续阅读某条信息的时间往往只有短短几秒。通常，大部分受众都会把这仅有的宝贵几秒花费在扫描标题上。

因此，一条好的文案标题，应该像一把锐利、精准的"弯钩"，能够瞬间"勾"住受众继续阅读的欲望。具体而言，这把"弯钩"应该具备以下三大要素，如图 3-1 所示。

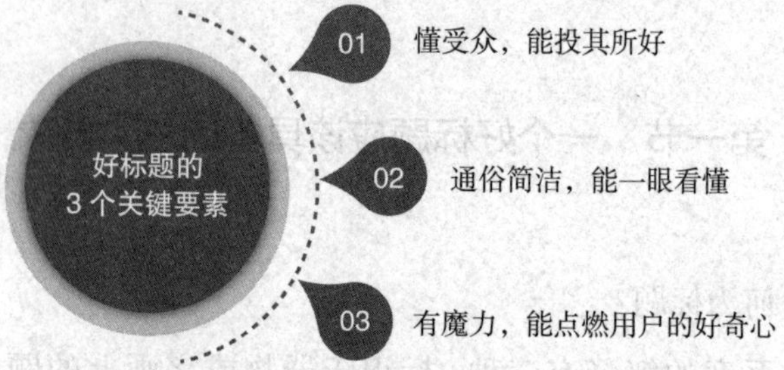


**图 3–1　一个好的文案标题应具备的三个关键要素**

## 懂受众，能投其所好

回想一下，在现实生活中，你是否也有这样的阅读习惯：想了解某个产品或者阅读某篇文案时，会下意识地思考“这个产品或这篇文案，能对我产生什么帮助”；当看到一个自己非常感兴趣或者对自己有所帮助的标题时，会毫不犹豫地点开它，继续阅读；当扫了一眼标题，感觉文章内容和自己毫无关系，或者对标题内容毫无兴趣时，会毫不客气地略过它，立马去浏览其他文章。

你是否想过，你之所以会产生这样的思考，做出类似的举动，正是因为“利己心理”在发挥作用，是因为在信息铺天盖地的情况下，你更愿意看到对自己有用的、有价值的内容，而不愿把时间浪费在毫无意义的阅读中。由此可见，一个好的文案标题应该具备的第一个关键要素正是懂受众，能投其所好，写他们想看的内容。

那么，如何才能让自己撰写的文案标题具备这一关键要素呢？方法很简单，只需两步即可。

**1. 第一步：弄清文案的目标受众究竟是谁**

不同的品牌或产品，往往有不同的受众群体。不同的目标受众，喜欢的文字风格不同，感兴趣的文案内容也不同。要想写出投其所好的文案标题，弄清文案的目标受众至关重要。

**2. 第二步：将产品优势或文案亮点放在标题里**

在《吸金广告》一书中，作者德鲁·埃里克·惠特曼这样写道："文案应当把产品最大的好处放在标题里，因为每一个受众都有利己心理。"德鲁·埃里克·惠特曼的这段话，实际便道出了文案标题写作的精髓。要知道，受众决定要不要点开文案标题继续看下去，往往就是一瞬间的事情。在这一瞬间内，如果要让他们看到对自己有用，或者感兴趣的内容，最简单有效的方法，就是直接将产品优势或者文案亮点展示出来。

举例说明：

《别总说，"我忍不住吼孩子"，试试这样交流……》

案例中的文案标题来自微信公众号"洪恩儿童乐园"，这个标题，也是一个典型的"投其所好"型标题：首先，一看到这个标题，就知道该文案的目标受众正是父母。其次，"别总说，'我忍不住吼孩子'，试试这样交流……"的意思，则是在告诉父母们文案里介绍了和孩子交流的科学方法。对于和孩子之间存在交流障碍的父母而言，这篇文案具有很好的指导意义。那么，在看到这一标题的瞬间，有改善亲子交流需求的父母，自然会点开观看。

## 通俗简洁，能一眼看懂

对于文案而言，标题就像导航器，文案讲述的究竟是什么、强调的究竟是什么、展示的究竟是什么，都需要凝结在标题中，展示给受众。因此，文案标题一定要通俗易懂，不要过于复杂，不要包含太多的晦涩难懂的概念或词语，让受众通过阅读文案标题，一眼能够看出文案究竟讲什么。要知道，对于文案标题而言，简单永远好过内涵，通俗易懂往往能起到事半功倍的效果。

当然，仅有“通俗”还不够，简洁也是必要条件。要知道，在信息铺天盖地的自媒体时代，受众的时间和注意力都是有时效的，留给标题阅读的时间往往并不多，过于冗长复杂的标题，看起来费力又费时，显然并不符合自媒体时代的阅读习惯。一个好的文案标题，往往就是一句能切中消费者诉求的简单话语。

比如：

《3 天 2 夜包食宿，现在只要 5000 元，就能痛快游玩三亚》

案例中的标题，虽然把文案的主要内容说清楚了，但是并不简洁，读起来也显得过于啰嗦。要想把这个标题读完，一眼扫过去肯定不行。那么，为了让它更简单明了，我们可以这样进行修改：

《5000 元，3 天 2 夜畅游三亚》

对比之下，修改过后的标题显然更通俗简洁，只需短短几秒，就可以迅速弄清文案的主旨内容。可不要小看这短短几秒啊。

要想让撰写的文案标题具备这一特征，作为文案创作者的我们就要学会精心打磨标题中的字与词，控干标题里的“水分”。

### 有魔力，能点燃用户的好奇心

美国卡内基·梅隆大学行为经济学家乔治·洛温施坦曾提出了一个重要概念——“好奇心缺口”。它是指当一个人觉得自己的知识出现缺口后，就会产生好奇心。因为有缺口就会有痛苦，一个人想知道一件事却无法知道的时候，就犹如身上被蚊子叮咬了一般，总感觉很痒，总想伸手去挠一挠。

“好奇心缺口”的概念，也适用于撰写文案标题。换言之，一个好的、吸引人的文案标题，一定要能打开受众的“好奇心缺口”，让受众产生“不读就痒”的感觉。

通常，受众好奇心和文案点击率之间呈正相关关系，如图 3–2 所示，即越能勾起受众的好奇心，文案的点击率越大。文案的点击率越大，标题的撰写越成功。

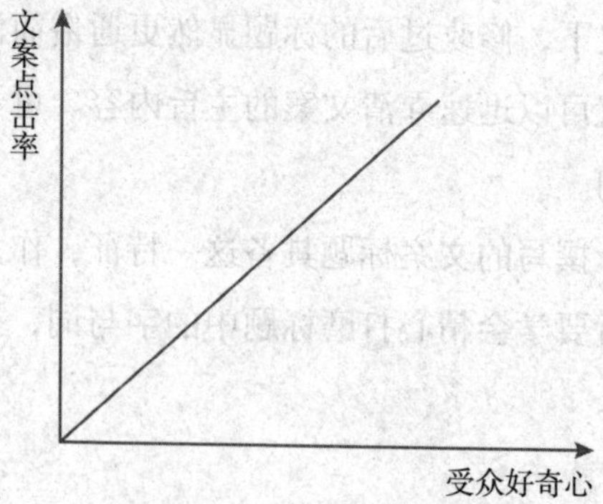


**图 3–2　受众好奇心和文案点击率之间的关系**

看到这里，许多人可能又会产生新的疑问：到底什么类型的标题能够勾起受众的好奇心呢？最简单有效的方法就是在标题中直接添加“真相”“揭秘”“背后”等词语。

从某种程度而言，“真相”“揭秘”“背后”等词语本身就是钓鱼的“鱼钩”，能勾起受众的好奇心理。我们说，标题的特征之一便是通俗简洁，那么，要想在字数有限的标题里增添一些神秘气息，让人一看便有继续点击阅读的欲望，在标题中直接添加“真相”“揭秘”“背后”等词语无疑是最好的选择。

比如：

《别吵了！这才是东北限电的真相》（源自公众号“叶檀财经”）

《解密！郑州天量供应背后的真相！》（源自公众号“郑州楼市”）

《超 1 亿人朋友圈仅三天可见，背后真相扎心了》（源自公众号“十点读书”）

正所谓“题好一半文”，标题对于文案的重要性是不言而喻的，从某种程度而言，写好了文案标题，文案也就成功了一半。以上分享了一个好标题应该具备的三个重要要素，你学会了吗？

## 第二节　一学即会的四个常用标题形式

撰写文案标题是许多文案撰写者的“噩梦”，在撰写的过程中，这些文案创作者往往会遇到两个难题：一是不知道哪种类型的标题才能吸引人点击；二是尽管知道哪种标题吸引人，但不知道从何下笔。

其实，正如这世上大多数事情都遵循着一定的规律一样，文案标题的撰写也有一定的逻辑和规律。文案创作者要想在短时间内提升自己的标题撰写能力，最简单有效的方式就是模仿——在熟悉常见的标题形式的基础上，总结出自己的句式模版，套用在自己的文案上。

本节，我将结合自己的实践经验，为大家整理归纳出四种一学就会的文案标题形式，如图 3-3 所示。

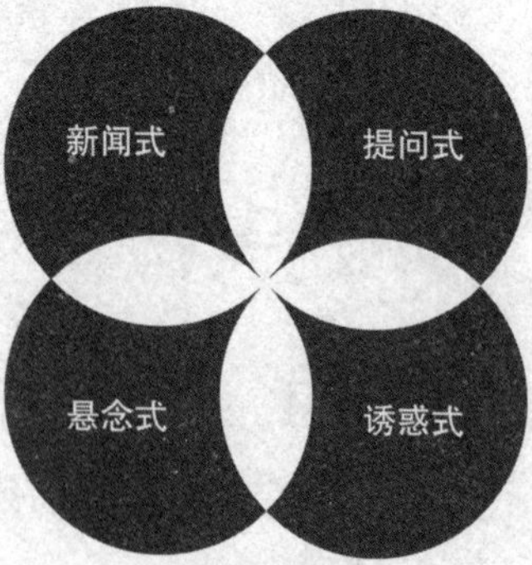


图 3-3　四种常见的文案标题形式

### “新闻式”标题

新闻具有时效性强、客观公正、真实权威的特点。相比较看广告，大多数人更喜欢看新闻；不同于人们对广告总是心存天然的疑虑甚至排斥，人们对新闻的报道内容似乎有着天然的信任感。

因此，作为文案创作者，在创作文案的过程中，我们可以巧妙地给自己的文案穿上“伪装”的“外衣”，弱化文案的广告性质，增强文案的新闻属性，让文案看起来更像新闻，以此来弱化文案的商业属性，提升文案的可信度，激发更高阅读量。而要做到这一点，首先就需要在标题上做文章，给文案拟一个“新闻式”标题。

“新闻式”标题也是文案创作者在创作文案标题时最常使用的标题形式之一，它的创作过程可分为以下三步。

**1. 确定新闻主角**

新闻具有六要素，即五个“W”和一个“H”，分别是 Who（何人）、What（何事）、When（何时）、Where（何地）、Why（何因）、How（如何）。新闻主角对应的正是新闻六要素中的 Who（何人），它既可以是人，也可以是产品或品牌。

例如，在标题《任正非：让贫穷老百姓救一个有钱的华为，我心里过意不去》中，新闻主角就是任正非，而在标题《华为 nova 9 系列官宣：9 月 23 日上市，搭载鸿蒙 HarmonyOS》中，新闻主角就是产品华为 nova 9。

新闻主角一旦确认，文案的撰写就应该围绕新闻主角进行。需要注意的是，在撰写“新闻式”文案标题时，如果我们宣传的产品或品牌名气不大、影响力不够，那么，直接把产品或品牌作为新闻主角的做法就比较冒险，相比之下，更好的处理方式应该是把产品或品牌与影响力更大的新闻焦点（比如明星人物、明星产品等）关联起来。

**2 添加时效性词语**

新闻即“新近发生的事情”，其最大的特点是具有时效性。在撰写“新闻式”文案标题时，通过添加时效性词语体现出新闻的时效性必不可少。

以下列举了一些常见的时效性词语，在具体的文案标题创作过程中，文案创作者们可以根据实际需要做出选择：现在、今天、昨天、2022（当年年份）、国庆节（当时节庆）、这个秋天、本周六……

**3. 添加能突出新闻爆点的关键词**

回想一下，在现实生活中，你是否也有这样的体验，越是重大的、劲爆的、出乎意料的新闻，越能吊起你的胃口，让你产生阅读、了解的兴趣？这个阅读习惯也启示着我们：在撰写“新闻式”文案标题时，可以多尝试在标题中加入一些能突出新闻爆点的关键词语，拨动受众的敏感神经，让受众迅速感受到“有大事发生”。

以下列举了一些常见的时效性词语，在具体的文案标题创作过程中，文案创作者们可以根据实际需要做出选择：最新到货、全新、新款、上市、宣布、官宣、曝光、终于、突破、发现、发明、蹿红、风靡……

以上分享了“新闻式”文案标题的具体撰写步骤。需要注意的是，在撰写“新闻式”文案标题时，还要把握以下两个创作要点：一是要把握好宣传侧重点，弄清楚文案的宣传对象。不同的宣传对象，关注点不相同，宣传侧重点自然也不相同，而这些宣传侧重点，都应该在标题上直接体现出来；二是标题的表达要客观、清晰、直接，不能过于笼统或者故弄玄虚，否则就失去了“新闻式”标题的意义，甚至弄巧成拙。

最后，我们不妨用一个公式总结“新闻式”文案标题的撰写方法：

“新闻式”文案标题 = 时效性词语 + 新闻主角 + 能突出新闻爆点的关键词

比如：

《2021 东京奥运会鞋照全曝光，有 1 款今天 5 折！》

“提问式”标题

在前文中，我们已经强调过，一个好的文案标题最典型的特征就是能勾起受众的好奇心，激发他们点开文案继续往下看的欲望。而提问无疑是最直接、最简单、最有效的方式之一。作为文案创作者，当我们学会了在标题中抛出一个受众感兴趣的问题后，如果受众想要弄清问题的答案，就一定会选择点击标题。

因此，“提问式”标题也是标题文案撰写的常用方法之一。“提问式”文案标题的撰写要点一般有以下三点：

要点一：弄清文案撰写的侧重点，提炼出文案要表达的核心内容；

要点二：根据文案表达的核心内容，提炼出要问的问题；

要点三：让问题与“习惯思维”产生碰撞。

例如，我们要为某鸡蛋品牌撰写一篇宣传文案。那么，在拟定“提问式”文案标题时，首先就要弄清楚这篇文案的撰写侧重点究竟是什么。这里假设文案撰写将从食用鸡蛋对人体的益处入手。

然后，根据文案表达的核心思想，我们需要提炼出要问的问题，这里假设提出的问题是“什么时候吃鸡蛋对身体最有益”。

最后，我们需要让提出的问题与“习惯思维”产生碰撞。比如，在大多数人的认知里，早晨吃鸡蛋有益身体健康，那么，我们就可以拟定这样一个文案标题《早晨吃鸡蛋对身体是好还是坏？万万没想到真相居然是这样的》。

当受众看到一个与自己的习惯性思维不太一样的标题内容时，他们的好奇心显然更容易被勾起。

最后，总结以上提到的“提问式”文案标题的创作要点，我将以某早教机构撰写的宣传文案为例，分享三种拿来就用的“提问式”文案标题撰写公式，以供参考。

**1. 为什么 + 数字悬念**

《0-3 岁早教期，父母错过了什么？99% 的家长都不知道》

在这个标题中，前面的“为什么”（0–3 岁早教期）问出了大多数家长都想问的问题，而后面的“数字悬念”（99% 的家长）道出了普遍性，进一步强化了受众的好奇心。

**2. 为什么 + 关联权威**

《0–3 岁早教期，父母错过了什么？育儿专家这样说》

同样的，在这个标题中，前面的“为什么”问出了大多数父母心中的疑虑，后面的“育儿专家”具有权威性，起到了勾起受众阅读兴趣的作用。

**3. 那么多 + 凭什么**

《早教机构这么多？×× 凭什么这么火》

不难看出，“早教机构这么多？×× 凭什么这么火”是一个带有情绪的问句。其最大的亮点就在于通过一个“凭什么”，问出了受众内心的疑问。这个疑惑，指代的一般是一种不正常的现象，比如：突然爆火、销量突然翻翻，等等。

### “悬念式”标题

“悬念式”标题是指将文案中最吸引人的内容，在标题中展示一部分，同时隐藏相对重要的信息，在受众心中埋下疑团，激发他们解开疑团的兴趣和欲望。比如：《这四种工作，年轻人最好不要碰》《老板究竟能有多不讲理？看完你就知道》……

喜欢钓鱼的朋友都知道，在钓鱼的过程中，“下钩”十分重要。“钩”下得好，鱼儿“咬钩”的概率就高。“悬念式”标题中的悬念，就好比是钓鱼过程中的“下钩”，“钩”下得越好，受众越愿意“上钩”，点开文案一探究竟。

“悬念式”标题也是如今许多新媒体文案撰写者最喜欢的标题方式之一。根据设置的具体悬念内容的不同，“悬念式”标题又可以分为以下三类型。

### 1. 故事情景式

故事情景式悬念是指以讲故事的形式，撰写标题，同时在故事中设置悬念。比如：

《凌晨两点我被送进 ICU，只因挤了一颗痘》

在这个案例中，文案创作者就是通过挤了一颗痘痘而被半夜送进 ICU 的故事引发受众好奇。当看到这个标题后，许多受众本能地便会想弄清楚“为什么挤了一颗痘就被送进了 ICU”“送进 ICU 后又发生了什么”等问题，于是，会不自觉地点击文案阅读。

### 2. 打破经验式

文案创作者在创作文案标题时，还可以通过打破生活经验或颠覆社会现象的方式来制造悬念。

### 3. 因果互动式

因果互动式悬念是指在标题的关键位置加入一些无关紧要的情节或小细节，把它们作为吸引受众好奇心的“鱼钩”，并在内文中分析这些情节或小细节形成的前因后果。

以上分享了“悬念式”文案标题的三种常见类型。总之，“悬念式”文案标题最典型的特征就是明知道答案，但故意隐藏主要信息，故意制造悬念。

最后，我想强调的是，在撰写“悬念式”文案标题的过程中，一定要杜绝夸大事实、偷换概念、断章取义或打擦边球，而应该基于事实去设置悬念，并保证文案内容确实能够让受众感到惊奇。否则，“悬念式”文案标题很容易成为“标题党”。当然，要做到这一点，就要求文案创作者在实际的文案创作中多思考、多尝试、多积累。

## “诱惑式”标题

在现实生活中，相信许多人都曾看到过这样一幕：某药店举办促销活动，打出了消费多少送鸡蛋的广告，许多老人便会在鸡蛋的诱惑下，选择走进药店进行消费。

这便是一种典型的通过利益诱惑去吸引顾客的获客方式。

在撰写文案标题的时候，文案创作者也可以借鉴这种模式，尝试在文案标题中加入一些诱人的因素，以此来吸引受众点开文案标题。我们把这种标题形式，称之为“诱惑式”文案标题。

“诱惑式”文案标题的创作要领主要有以下几点。

### 1. 把利益诱惑直接写进标题

顾名思义，“诱惑式”文案标题中最重要的就是“诱惑”二字，“诱惑”越大，受众点开标题的概率就越大。因此，“诱惑式”文案标题的第一个创作要点，就是把利益诱惑直接写进标题，并且要写在最显然的位置。

归纳起来，“诱惑式”文案标题中的“诱惑”，主要可以分为以下四类：

一是优惠促销，比如：

《千万粉丝福利来了！满300减200！抢到就是赚到！》

二是免费送福利，比如：

《互动赢大奖 | 西瓜大丰收，比比看谁吃得好！》

三是活动赢奖励，比如：

《五一购物终极省钱攻略，不看损失“1个亿”》

四是赚钱机会，比如：

《一天带货1.6亿，短视频顶级从业者如何变现？》

**2. 点出利益诱惑的亮点**

试想一下，同样是降价促销，过季老品和当季新品谁更能吸引受众的注意呢？同样是买赠优惠，是以滞销品作为赠品更吸引人，还是以畅销品作为赠品更吸引人呢？

答案显然都是后者。而这里的“当季新品”和“以畅销品作为赠品”，便是利益诱惑的亮点。有了这些亮点，利益诱惑便不再是平平无奇的“鸡肋”，而会变得更新颖、更具吸引力。

因此，在撰写“诱惑式”文案标题时，除了要把利益诱惑摆出来，更关键的是要点出利益诱惑的亮点，比如：畅销新品、人气爆款、明星青睐、媲美大牌，等等。

### 3. 用更具诱惑力的表达方式把利益诱惑表达出来

语言的魅力无穷无尽，相同的意思，往往可以用多种不同的方式表达出来。因此，在撰写“诱惑式”文案标题时，文案创作者还要学会组织语言、选择语言，用更具诱惑力的方式把利益诱惑直接、明了地表达出来。

比如，某服装店举办“三八妇女节”促销活动，一条原价为 499 的裙子，现在要参与 3.8 折的店内优惠活动，在撰写活动宣传文案时，文案创作者分别拟定了以下三个标题：

标题 A：三八节福利！ ×× 女装畅销新品 3.8 折销售

标题 B：三八节福利！ ×× 女装畅销新品直降 310 元

标题 C：三八节福利！ ×× 女装畅销新品 3.8 折仅售 189 元

在这三个标题中，你更愿意点开哪一个呢？我想，大部分人都会选择标题 C，因为标题 A 的和标题 B 的表述都很笼统，受众在看到这样的标题时，往往并不能知晓活动的优惠力度到底有多大。相比之下，标题 C 则直接、明了，给了受众直观的低价印象。

以上分享了“诱惑式”文案标题的相关创作要领，需要注意的是，作为一种常见的标题撰写方式，“诱惑式”文案标题很容易引起受众的“审美疲劳”，要想打破这种“审美疲劳”，就需要文案创作者在新颖性和吸引力上多做文章。

## 第三节　活用文学修辞，打造吸睛标题

文案大师罗伯特·布莱在《文案创作完全手册》中这样写道："无论哪一种广告，都取决于受众的第一印象。"由此可见，对于文案而言，一个精彩且具有充分吸引力的标题至关重要。语言的表达细腻丰富、灵活多变，在打造文案标题的时候，活用文学修饰，能够帮助我们更轻松地打造出夺人眼球的文案标题。

本节，我将为大家详解细节活用文学修辞，打造吸睛标题的方法与技巧，详情如图 3–5 所示。

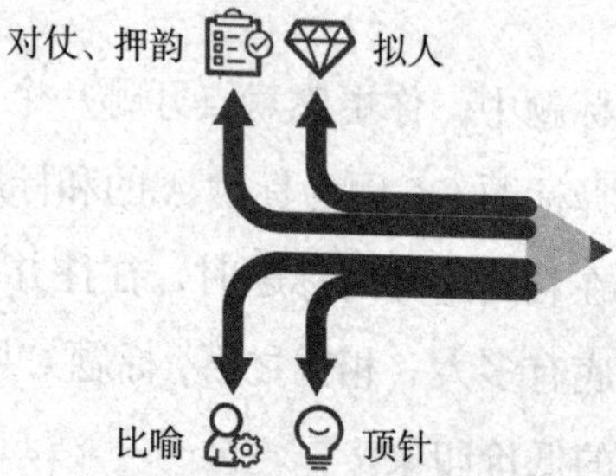


**图 3–5　四个文学修辞，打造吸睛标题**

### 对仗、押韵

意境悠远、博大精深的中国诗词是中华文化的重要组成部分。在学习诗词的过程中，相信大家都有类似的感受，那就是许多诗词读起来总是朗朗上口、韵味十足。这是因

为，中国诗词往往格外注重诗词格律，对仗和押韵正是诗词格律的两种重要表现形式。

其中，对仗又被称之为队仗、排偶，它是指按照字音的平仄和字义的虚实做成对偶的语句，它强调的是把同类或对立概念的词语，放在相对应的位置上，使之出现相互映衬的状态，从而让语句更具韵味、让词语更具表现力。

具体而言，对仗又可以分为词语的对仗、句式的对仗和语义的对仗三类。

押韵又被称之为压韵，它是指在诗文的创作中，要求某些句子末尾字的韵母相同或相近。押韵的作用是让句子读起来更铿锵、更顺畅、更具和谐感和美感，从而加深记忆。

在中国诗词中，讲究对仗和押韵的诗句比比皆是，比如：孤山寺北贾亭西，水面初平云脚低；天山鸟飞绝，万径人踪灭；远看山有色，近听水无声；树树皆秋色，山山唯落晖……

在创造文案标题时，我们也可以借用古诗词中的这种对仗、押韵的表达方式，使写出来的标题朗朗上口、韵味十足，让人产生深刻记忆。

比如：

《哪有什么天生如此，只是我们天天坚持》

这是运动 APP“KPP”的封面文案标题。在这个标题中，“此”和“持”押韵。从句式上看，前一句“哪有什么天生如此”和后一句“只是我们天天坚持”对仗；从词语上看，“哪有”和“只有”对仗；“天生如此”和“天天坚持”对仗；从语义上看，“天生如此”和“天天坚持”相互呼应，形成对仗。通过这寥寥16个字，不仅将“Keep”所倡导的“坚持天天运动”的精神内涵体现得淋漓尽致，而且行文优美，读起来颇具韵味，让人印象深刻。

再比如：

《世间所有的内向，都是聊错了对象》

这是陌陌App的封面文案标题。这则文案标题用“对象”和“内向”押尾韵，生动地表现了现代人的“社交恐惧”。而且，这则文案用文字技巧正面解读了“社交恐惧症”，不仅能唤起人们关于“社交恐惧”记忆和情感共鸣，还能赢得人们的好感。

我们在创作文案标题时，可以尝试使用对仗、押韵的技巧，写出朗朗上口、令人印象深刻的标题金句。需要注意的是，在运用对仗、押韵的技巧时，千万不要为了押韵而押韵，而是要在“准确传达信息”的基础上运用写作技巧。

### 拟人

拟人是最常用的文学修饰之一，它指的是将事物人格化，将本来不具备人动作和感情的事物变成和人一样具有动作和感情的样子。例如，句子“小鸟在枝头快乐地唱起了歌谣”就巧妙地运用了拟人的修辞手法，即将小鸟进行了拟人化处理，让整个句子显得更生动。

在撰写文案的标题中，我们也可以巧借拟人的修饰手法，把无生命的产品、品牌或事物当成人来描写，赋予描写物以人的思想、人的情感、人的动作或行为，增强文案的戏剧性和画面感，使文案更生动形象、更富有张力。

举例说明：

《夏天在 5 月 20 日，推翻了春天的政权》——诚品书店

这篇文案是台湾地区文案天后李欣频为诚品书店西门店所撰写的“520”特卖宣传文案。在这则文案标题中，作者就将“夏天”当作了“人”来描写，赋予了其“推翻政权”的人类行为。

《三毫米的旅程，一颗好葡萄要走十年》——长城葡萄酒

长城葡萄酒的这则文案标题，也巧妙地运用了拟人的修饰手法，即通过赋予葡萄“走完旅程”的人类行为，让其具有了人的性格和品质。

需要注意的是，当我们在使用拟人的文学修饰创作文案标题时，一定要注意拟人“主体”与“客体”之间相互关系的恰当自然，切忌牵强附会、生拉硬扯，否则就会让受众感觉生搬硬套，反而削弱了文案标题的传播效果。

最后分享一些拟人式标题的常用词语。

情感方面：温柔、慈祥、亲切、相亲相爱……

动作方面：站、跑、跳、走、蹲……

思想方面：觉醒、领悟、醍醐灌顶……

感受方面：难过、开心、幸福、快乐、愤怒、悲伤、沮丧……

比喻

提到比喻二字，相信作为文案创作者的你一定不会陌生。这种用跟 A 事物（本体）有某种相似之处的 B 事物（喻体）来说明 A 事物的文学修辞方式，在我们最初开始学写作文时，老师便会教我们使用。在文案标题的创作过程中，利用比喻这种最简单、最常见的修饰手法去增强文案标题的画面感和吸引力，也是许多文案创作者的常用招数。

具体而言，比喻又可以分为明喻、暗喻和借喻三种类型。这三种比喻，都可以用在文案标题的创作上。

**1. 明喻**

明喻是指本体和喻体都在句子中出现，并由比喻词像、似、仿佛、犹如、宛如等，将本体和喻体连接起来。

明喻的常见表现形式为“××× 像（似、犹如、宛如……）×××”。比如：

《它就像孩子，你无法了解直到你拥有》

这个文案标题来自保时捷汽车。标题中的它（保时捷汽车）就是本体，孩子就是喻体。这种把保时捷汽车比喻成“你无法了解直到你拥有”的孩子的表达方式，巧妙地勾起了消费者的购买欲望。

**2. 暗喻**

在采用暗喻的修辞手法时，本体和喻体都会出现。不同于明喻用像、似、仿佛、犹如等比喻词连接本体和喻体，在暗喻中连接本体和喻体的是“是、成了、变成”等连接词。

暗喻的常见的表现形式为“××× 是（成为、变成……）×××”。比如：

《衣服是最动人的语言》

这个文案标题来自淘宝女装。标题中，文案创作者将“衣服”比喻成了“最动人的语言”，暗示服装也是一种表达方式。

需要注意的是，在使用暗喻这种修辞方式时，有时候也可以直接省略掉中间的连接词。比如：

《简约，建筑的第一秩序》

这是某房地产楼盘宣传文案的标题。在这个文案标题中，文案创作者将“简约”比喻成了“建筑的第一秩序”，并省略掉了连接词，表达出了简约对建筑的重要性。

**3. 借喻**

借喻即直接用“喻体”替代“本体”，且本体和比喻词都不出现。例如：

《孤独的人，有自己的海》

这个文案标题中的“海”，即指代生活或世界。但是在这里，本体“生活或世界”并没有出现，而只出现了喻体“海”，是一种典型的借喻。从该案例中也不难看出，借喻由于只有喻体出现，所以能产生更加深厚、含蓄的表达效果，同时也使语言更加简洁。

### 顶针

顶针也被称之为联珠、蝉联，它是指用前一句结尾的词语或句子作下一句的起头。顶针的修辞方法在歌曲和诗歌中都很常见，比如：楚山秦山皆白云，白云处处长随君。长随君，君入楚山里，云亦随君渡湘水。湘水上，女萝衣，白云堪卧君早归（出自李白《白云歌送刘十六归山》）。

顶针这种修辞手法的最大作用是可以突出事物之间的环环相扣，让描述更引人入胜。因此，在创作文案标题时，我们也可以借助顶针的修辞方式来打造“洗脑”金句，突出宣传主体，比如：

车到山前必有路，有路就有丰田车。

在这句耳熟能详的广告词中，前一句中的结尾词“有路”，正是后一句的起头，它也称得上是最典型的“顶针文案标题”代表。这种采用顶针修辞手法的标题，读起来朗朗上口，很容易便被人记住，同时也充分凸显出了“丰田车的使用范围广”这件事情，达到了很好的宣传、传播效果。

# 第四章

## 新颖开头：让受众产生读下去的欲望

万事开头难，写好文案开头更是难上加难，即便是在文案界纵横多年的老手，有时也会被开头卡住。那么，我们究竟有什么办法才能越过开头这个难关，写出新意，让受众感兴趣呢？阅读本章内容，或许你会找到答案。

## 第一节 巧设悬念：引发用户的好奇心和探索欲

当看到这个开头时，你是不是想继续阅读下去寻找答案？这就是写好开头的奥秘之一——设置悬念。即设法勾起受众的好奇心，激发受众继续阅读的兴趣。接下来，我将分享一些“巧设悬念”开篇法。

### 直接提问，引起思考

这是一篇标题为《凌晨三点的陌生人：谢谢你，骗了我》的文章，一经发出，就引发了热议狂潮。它的开头，至今还有不少人记得：

你有多久没有跟陌生人说话了？

是不是平平无奇？但就是这样一句简单的问句，却能引导受众思考：“我多久没与陌生人交流？这篇文章写的是与陌生人交流的故事吗？”

这就是“设置悬念”的过人之处，不直接告诉受众主题，让受众心生疑问，想要继续去了解文章，从而成就了这篇爆文，首发阅读量突破百万。写文案与写文章有许多类似之处，在开头使用提问句式，能够达到引吸受众的目的。

我们在写文案开头时，也可以用提问的方式设置悬念。例如，宜家曾经推出的“被重新命名的宜家产品”系列文案，其中有几则就是采用的此方法：

How to stay married？

Frying pan，stainless steel，25 year guarantee

（如何让婚姻长久——不锈钢煎锅，25 年保修）。

**图 4–1　宜家宣传文案（图片来源：宜家英文官方网站）**

不锈钢煎锅的目标人群主要是女性，该文案先直接提出一个大多数女性感兴趣的情感问题“如何让婚姻长久”，引起她们继续阅读的兴趣。随后，文案开始点出产品是不锈钢煎锅，此时，受众们又会产生疑问：“让婚姻长久与锅有什么关系？”因此，她们会继续阅读下去，疑惑也随之被解开——“要抓住男人的心就先抓住他的胃，用这款不锈钢煎锅可以更好地做饭”。受众阅读完后，甚至还会发出“原来如此”的感叹。

由此可见，提出问题，设置悬念，是写文案开头的好方式。当然，提出的问题必须是一个好问题，一个受众更感兴趣的问题，这是我们思考的重点。

假如，你的产品是一款电动牙刷，现在有两个问题，你会选择哪个作为开头：

A:“怎样才能洗干净牙齿？”

B:“你的牙齿真的洗干净了吗？”

你不妨先站在受众的角度来思考，他们对哪个问题更感兴趣。就问题 A 来看，受众可能会认为：“我每天早晚刷牙，还经常使用水牙线清洁牙缝，我知道洗干净牙齿的方法。”因此，问题 A 对受众的吸引力较小。

而问题 B 会引发受众的猜疑：“我的刷牙方式是对的吗？我倒要看看正确答案和我的有什么不一样！”如此，受众的阅读兴趣就被提起来了。

由此可见，选择受众感兴趣的问题，作为悬念开头，也需要仔细斟酌。结合我自己的实践经验，我认为有两大类问题是最适合做为文案开头的，如图 4-2 所示。

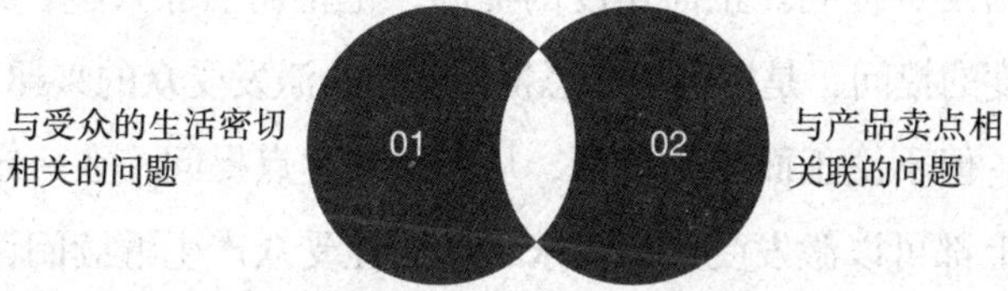


**图 4-2 最适合作为文案开头的两类问题**

### 1. 与受众的生活密切相关的问题

选择的问题与受众的生活密切相关，这样才能将受众的注意力拉到产品上。例如，天猫精灵联动其他品牌，推出的“天猫精灵方了”的系列文案：

文案一：

天猫精灵，你知道女生的心里到底在想什么吗？

让我请教一下科沃斯吧。

文案二：

天猫精灵，如何才能找回小时候的快乐？

这个问题，百世可乐一定很擅长。

这一系列的问题，都属于灵魂拷问，是受众一直希望得到答案的问题，这能够瞬间激发受众的某种感情。这类问题是最容易激发受众阅读兴趣的。

**2. 与产品卖点相关联的问题**

如果产品的卖点很多，就选择其中最为主要的卖点提问，尽量选择单一的卖点。而且，对于单一集中卖点，则可以从正、反两方面来提问。例如，有关补水的护肤品，可以从正面“水润”为出发点提问，也可以从反面“皮肤干”为出发点提问。正面角度的提问，是正面引导兴趣；负面角度的提问，是用害怕、恐惧等情绪，激发受众的兴趣。

但不论正面还是负面，从产品的卖点提问，在一定程度上都可以激发受众的需求，从而让受众产生继续阅读文案、了解更多产品信息的想法。

### 隐藏提问，引发关注

设置悬念，引起受众兴趣，并非一定要用提问的形式，也可以通过设置隐藏问题，让受众自动问出问题，来打造具有悬念感的卖货文案开头。直接提问是文案创作者提出问题，而设置隐藏提问的方式是让受众自己提出问题。例如，必要商城的产品宣传文案：

文案一：

靠。

床上沙发怎么舒服怎么靠，

贡缎绣花大靠垫上线必要。

文案二：

昨天的水，小心烫嘴。

膳魔师制造商出品保温壶，沸水24小时后仍然保持58℃。

**图 4–3 必要商场产品宣传文案（图片来源：必要商城微博）**

阅读第一则文案时，受众一看到开头，就会自然而然地产生疑问："靠在这里究竟是什么意思？"阅读第二则文案也是如此，受众会有疑问："为什么第一天的水到第二天不会冷，甚至还烫嘴？”为了寻求答案，他们愿意继续阅读下去。

再例如，2019 年华为推出了新款手机手机 Mate 30 系列，其宣传文案是这样的：

这不可能，但很 Mate，

出乎意料的侧边操控；

这不可能，但很 Mate，

想不到的隔空操作；

这不可能，但很 Mate，

好厉害的无线快充；

……

看到开头时，受众会问：“什么不可能？又为什么不可能？”带着问题，受众自然有继续阅读下去的兴趣。

这种设置悬念的方式由来已久，经过了时间的检验，也诞生过经典文案。例如，美国著名撰稿人约翰·卡普尔斯曾经为美国音乐学院打造的经典推广文案（以下截取部分）：

当我坐到钢琴旁时，他们哄堂大笑，

但是，当我开始演奏时……

亚瑟刚弹完《The Rosary》，房间里响起了雷鸣般的掌声。我觉得，对我来说这将是一个戏剧性的时刻，因为接下来，我要开始我的处女秀。我自信地大步走到钢琴前，坐了下来，这让我所有的朋友都感到万分惊讶……

这则文案，开头只说一半，让受众不禁问出：“当‘我’

演奏时究竟发生了？‘我’最后逆袭了吗？”为了了解故事的结局，印证自己的猜想，受众会继续阅读下去。

总之，隐藏提问的悬念式开头，在新媒体文章、广告长文案等多个领域中都有着广泛运用。

### 倒叙描述，激发兴趣

除了上述两种方式之外，采用倒叙的方式设置悬念也是一个不错的选择。我们在写文案开头时，可以先给出某件事的结果，或者某个结论等，提出悬念，吸引受众在随后的内容中了解形成的这一结果、得到这一结论的原因。

曾经，有做过这样一组实验，用两种描述方法，来说明非洲贫困平民的现状，并组织捐款。其部分文案如下：

A：非洲是全世界贫穷国家最多的地方，全世界最贫穷的35个国家当中有26个来自非洲，人均GDP最低的10个国家当中有9个在非洲……

B：在埃塞俄比亚有一个小女孩，她是她们家唯一一个活过五岁的小孩子。

早上6点她从垃圾堆边上醒过来。当我们开始用清水刷牙洗漱的时候，她已经在用满是油污的双手，在垃圾堆里扒寻食物。如果幸运一点，她可能找到一点点充饥的食品……

最后，这个实验的结果是，读完文案A的平均捐款是总捐款的23%，而读完文案B的平均捐款额占据了48%。

两者对比不难发现，文案 A 直接说明问题，有部分人根本就不会读完，要么直接捐款，要么就当没看到；而文案 B 的开头则是“只有一个小女孩活过五岁”的结果，引起了受众的思考“为什么其他孩子没有活过五岁？这个女孩为什么能”，从而让受众继续阅读，感受到非洲孩子们的艰难，然后捐款。

这种先摆结果，再说原因和过程的叙述方式，用于文案开头确实能够起到激发受众阅读兴趣的效果。也有许多品牌采用过此种方式，例如宜家的一款抽屉的文案：

抽屉常常监守自盗。

假设抽屉喜欢抽烟，

可能抽屉里的烟早已经不见；

幻想抽屉有了恋爱，

可能抽屉里的香水都已蔓延；

也许抽屉只想看书，

可能抽屉里的书都读了很多遍。

如此看来，

抽屉里放书还算比较安全。

想说结论“抽屉监守自盗”，引起受众疑问，然后再摆出得出这一结论的各种原因，十分具有吸引力。

以上就是巧设悬念，写出新颖开头的具体方法。总之，写好开头是创作爆款文案的必要条件，毕竟如果没有伯乐，珍珠会害怕鱼目，金子也害怕泥沙，不要让自己的好点子被开头埋没。

## 第二节 情境导入：一秒吸引受众关注

回想一下，当你在看电影的时候，如果电影的开头一下便将你拉入了某个情景之中，让你产生了身临其境的感觉，你是不是会马上沉浸到电影的世界中？

文案撰写也是同样的道理，如果在文案的开头，我们能够通过一个情景导入，将受众马上带入一个特定的场景故事之中，就能够更好地吸引受众的注意力，让受众产生继续读下去的欲望。而要达到这样的效果，就要求我们导入的文案开头情景必须具备氛围感、真实感和代入感三个特征。

### 氛围感，引导情感共鸣

一个情景要做到打动人心，就得有氛围感。可以说，氛围感是情景打造的情感基调，具备感染受众的能力。例如，前段时间让爱马仕又“火”了的文案：

> Love didn't meet her at her best.
> It met her in her mess.
> 爱不会在你光芒万丈的时候出现，
> 却在你狼狈不堪的时候降临。

这就是一个有氛围感的故事文案，给受众构建起“在困难中看到希望与爱”的情景，整体打造出一种“向阳而生”的氛围感，鼓励受众不要放弃，最终爱会降临，从而引起受众感悟，加深对文案的印象。

而且这则文案，对每个人展现出来的情景故事都是不一样的。学生可能会看到“没有考好时，父母来安慰他”的情景故事；上班族可能会看到“失业后历尽千辛万苦，最终找到一份合适的工作”的情景故事……每一个人的经历不同，他们通过文案看到的情景故事就会不同。

这就是氛围感，能够通过一个情景故事，感染受众，勾起他们的记忆，激发他们的情感，引起他们的兴趣。我们在写文案开头时，也该做到如此。

再例如，中国建设银行在最近推出了宣传片《我和我的理想》，以一个个不同情景为起点，串联起许多人的理想，让我们看得热血沸腾，愿与故事中的人一起为理想而奋斗。其部分文案如下：

他们用了六年时间找到这里，不是来看风景的。

看，海天的交界，大陆的尽头，

将建起一座震撼世界的深水港，

铺下十亿吨沙石，把小岛连成一片大陆。

在海平面上，升起地平线，

扎下数千根百米钢钉，穿透汹涌的暗流，

把根基牢牢钉进海底的礁岩。

有了这个港口，咱们的巨轮，

就不用再依靠别人的深水码头。

中国的蛟龙，要在这里安下自己的家。

……

文案开头，就直接写明一群人“用了六年时间来到这里”，不是为了旅游，这看似只是一个小故事，但与后面的文案联系到一起时，配合宣传视频，迸发出了巨大感染力。

总之，在文案开头要学会用情景打造文案的氛围感，既要站在受众的角度，找出他们感兴趣的话题，也要考虑情景与整篇文案的适配性。如此，在文案打造的氛围中，方能激发受众的情感，引起他们的兴趣，让他们能阅读完整篇文案。

真实感，唤醒受众记忆

什么样的情景最能引起受众的兴趣？毫无疑问，是一个有真实感的情景。我们在写文案开头时，可以用一个有真实感的情景，来引起受众的兴趣。例如，RIO 在宣传微醺小美好系列“喵喵酒”时，就是如此：

午后的小零食时光，总有一只猫一定要凑过来，企图和你一起分享美食。

汁感丰富，食欲满满。

白葡萄风味，这个味道有点 Miao。

这则文案开头采用了和小猫咪相处的故事，导入了一个令人感到温暖的情景，很容易让喜欢猫或者养猫的受众想起自己与猫相处的时间，对文案产生兴趣，继续阅读下去。

打造真实感，就是要寻找上述这样情景：受众感到很熟悉，自己或者身边人经历过，甚至是受众渴望的事情，如此方能唤醒受众的兴趣。

但值得注意的一点是，我们写的有真实感的情景，并非一定要真实发生。正如美国作家罗伯特·麦基所说："我们所说的不是事实，我们深信的才是事实。真相不是发生的事情，真相是我们认为发生的事情。"受众相信这个故事，才被这个故事吸引。

正所谓"艺术来源于生活，而高于生活"，受众相信的情景大多数是基于生活的描述。例如，城市便捷酒店在官方微博上，发布的与水星家纺和熊猫读书的联动文案：

文案一：

躺下来就不想起来，不是你的错。

丝滑亲肤，躺赢更舒服。

七效全能大豆抗菌被，真巧你也是造梦师。

文案二：

换个姿势，在书籍的海洋里仰泳。

海量小说，躺着阅览。

每个难以入眠的夜晚，都有你相伴。

无论是"躺下来就不想起床"还是"换个姿势，在……"，都是生活中十分常见的情景，能够迅速唤醒受众对这两种情景的记忆，从而引发他们的兴趣，让他们愿意继续阅读。

**图 4–4　城市便捷酒店联动宣传文案（图片来源：城市便捷酒店官方微博）**

由此可见，打造真实感，就是打造生活感。无论我们选取的是真实情景，还是基于生活的虚构故事，只要能唤醒受众与之相关的记忆，都是可行的。假如，某个品牌用改编的白雪公主、睡美人等故事作为文案开头，会唤醒受众对这些故事的记忆，让受众想要对比新改编的故事与原本故事的差异，从而引起受众的阅读兴趣。

总而言之，用有真实感的情景作为文案开头，就是寻找大部分消费者在生活中记忆比较深刻的，让消费者能在其中找到自己的身上的影子的事件。无论是经历过的还是正在经历的事件，只要有相关记忆，都能在一定程度上让受众对产品与文案的产生兴趣。

代入感，让受众认同

“人与人的悲喜并不相通”，而一个有代入感的情景，则能够让受众感同身受，让受众的悲喜想通。那么，如何打造情景的代入感呢？以下介绍两种使用方法。

**1. 用第一人称去描述情景**

为了增加受众对情景的代入感，我们可以用第一人称去描述情景，例如芝士华在父亲节部分宣传文案：

因为我已经认识了你一生，

因为一辆红色的 RUDGE 自行车曾经使我成为街上最幸福的男孩，

因为你允许我在草坪上玩蟋蟀，

因为你的支票本在我的支持下总是很忙碌，

因为我们的房子里总是充满书和笑声，

因为你付出无数个星期六的早晨来看一个小男孩玩橄榄球，

……

因为我没有像我应该的那样经常说谢谢你，

因为今天是父亲节，

因为假如你不值得送 CHIVAS REGAL 这样的礼物，

还有谁值得。

这则文案不止开头，全篇都采用了第一人称的角度，能够让受众带入“我”的角色，去感受“我”与父亲相处的点点滴滴。让受众沉浸在故事中，直到阅读完，才发现原来这是产品的宣传文案。

2. 打造细节

除了用第一人称写文案开头外，提升情景的代入感，还需要打造细节。情景是骨架，细节是“血肉”，只有两者俱全，才能让受众身临其境。那么，应该如何将细节描述到位呢？

要描述细节，首先得让情景具体。一个有血有肉的具体情景，通常包含着几个因素：事件、地点、人物、发生了什么事、这些事对人产生了什么影响或者有何后果。例如服装品牌步履不停的淘宝店文案：

当你写 PPT 时，阿拉斯加的鳕鱼正跃出水面；你看报表时，梅里雪山的金丝猴刚好爬上树尖；你挤进地铁时，西藏的山鹰一直盘旋云端；你在会议中吵架时，尼泊尔的背包客一起端起酒杯坐在火堆旁。

有一些穿高跟鞋走不到的路，有一些喷着香水闻不到的空气，有一些在写字楼里永远遇不见的人。

出去走走才会发现，外面有不一样的世界，不一样的你。

图 4–5　步履不停的淘宝文案（图片来源：步履不停淘宝店铺）

在这则文案中，排列组合了多个时间地点发生的多件事情。例如第一段中，地点有“办公场所”；时间有“写PPT时”；人物是“你”，即受众；事件有看着“鱼正跃出水面”；结果是“出去走走才会发现……不一样的‘自己’”。整体看下来，画面感强烈，让人感受到美好。

除此之外，打造有细节的开头，还可以直接用人物说的话来创建一个情境。例如，童书品牌读小库在今年“六一”儿童节推出的宣传文案：

文案一：

2051年，中国数学家张沃禾博士，在她的阿贝尔奖获奖感言中说：“我首先要感谢我的父亲母亲……”——2021年的张博士

今年“六一”，先送张博士几本读小库吧！锁定她的那份感谢！

文案二：

2051届的所有毕业生都说：“要论对学术的专注与痴迷啊，谁也比不上李默文教授！”——2021年的李教授

今年“六一”，先送李教授几本读小库吧！他值得拥有。

这两组文案用多年后孩子们获奖和毕业的故事，用多年后他们可能会说的话，直接将人带入这个故事场景中，让受众感到自己好像真的正坐在观众席上看着孩子们在台上领奖，有身临其境之感。

**图 4–6 读小库 2021 年“六一”儿童节文案（图片来源：官方微博）**

以上就是打造有细节的情景的方法。曾经有人说过，一眼让人看不到推销痕迹的文案就是好文案，而用情景故事作为文案开头正好能达到此种效果，当受众意识到是产品推销时，早已被深深吸引。总之，想写好爆款文案开头，不妨从学会情景导入开始。

## 第三节　直接开头：开门见山地亮出文案魅力

语言分强弱，有的繁杂冗长，却苍白无力；有的寥寥几句，却铿锵有力。文案也是如此。冗长而又无力的开头，往往会失去受众。我们在写文案开头时，不妨直接开门见山地亮出文案魅力，用铿锵有力的文字抓住受众视线，让他们自主地读完整篇文案。

本节，我就讲为大家详解介绍文案直接开头的三种常用方法，如图 4-7 所示。

**图 4-7　文案直接开头的三种常用方法**

### 打破“知识的诅咒”

为何要直接开头，开门见山？

因为文案的作用是沟通，是对受众做出的承诺，是在告诉受众“我们能帮你解决某个需求”，而有的文案在开头说得杂七杂八，根本无法让受众完整阅读。这样又谈何与受众沟通，让受众看到我们的承诺呢？

因此，我们在写文案时，不妨直接开门见山，不仅让受众知道自己想要了解的内容，还能打破沟通的屏障——“知识的诅咒”。

当我们一旦知道了某种信息，就无法想象不知道这些信息时的样子。这是 Chip Heath 和 Dan Heath 在 *Made to Stick: Why Some Ideas Survive and Others Die* 一书中率先提出的“知识的诅咒”的概念。他们认为信息获取的不对等，是造成人们在沟通时，产生“鸿沟”的重要原因。

有的文案创作者，在写文案开头时，想要将自己了解的产品信息告诉受众，却因为自己与受众在信息获取上的不对等，导致受众无法理解文案开头究竟在写什么，陷入了“知识的诅咒”中。

例如，你告诉受众“要进行人体无用群体组织切除手术，就选我们”，肯定会有许多人无法理解，还不如一句“剪头发，就选我们”。你知道“人体无用群体组织切除手术”的含义，受众不知道，你却认为受众知道，于是你在开头的表述上就出现了偏差。

再例如，房地产和汽车行业的文案，最开始会采用一些看似高大上的短句组合，如“至尊奢华”“专注品质”等，究竟是怎样的奢华，专注的品质达到了何种程度，这些信息都没有表述出来，讲了一些内容又好像什么都没讲。

因为这些文案的创作者认为有些内容是大众会知道的事情，于是不愿多用笔墨来描述。而受众却无法从这些凝练的语句中，获得自己真正想要了解的信息。

由此可见打破“知识的诅咒”对开门见山写开头十分重要。那么，直接开头，亮出文案魅力的具体方法有哪些呢?

以诚服人，直指卖点

莎士比亚曾说:“质朴却比巧妙的言辞更能打动我的心。”真诚质朴是人际交往的关键，更容易获取他人的信任。文案也是如此，我们创作文案也该以诚服人。

要做到以诚服人，可以对产品进行客观的评价，不要有浓厚的推销味儿。前段时间，我在淘宝店看到一家卖牛肉粒的店铺，其文案十分质朴，让人一看就很真，没有推销却胜过推销。其文案如下:

冷冻国产牛肉粒，一粒13克左右，偏肥。

这个不挣钱，但是胜在简单，是我们这种懒老板最喜欢烹饪的食物之一。

这则文案的开头十分接地气，以老板的角度，口述了牛肉粒的重量、特点，并给出了最客观的评价“偏肥”，让有购买需求的受众了解到了自己想要知道的产品信息。虽然看起来有些随意，但给人的感觉很真实。

做到以诚服人，还可以客观地描述产品卖点。例如，小饭围在宣传自家的米饭时，推出了这样的文案:

香，芳香四溢。

水稻秧苗散发一种香气，大米也香，做饭时会散发特殊的清香，所以稻花香大米享誉全国，是目前高品质大米之一。

图 4-8 小饭围宣传文案（图片来源：小饭围官方微博）

这则文案开头仅用 5 个字，就客观清晰地描绘出产品的卖点——香。随后又用“芳香四溢”来说明“香”的程度。短短几字，直击卖点，让受众一目了然。

再例如，欧莱雅男士氨基酸洗面奶的文案开头是这样的：

硬核也温和。

这则文案开头先用一个“硬核”，概括性地说明产品的功能、品质好，然后又用一个“温和”具体来说明产品究竟好在哪里。从大到小，从概括到具体，使开头不空泛，将文案沟通的作用发挥得恰到好处。

还有一点值得注意的是，我们在开头描述产品卖点时，要避免抽象化的语句表达。例如，某打车软件最开始的文案开头是：

×× 打车，出门首选。

这样描写太过抽象化，只是一句喊口号的空话。为什么是用户的首选？这一问题没有解决。将该文案进行具象化的优化后，是这样的：

四个小伙伴，三个都用 ×× 打车。

如此修改后，直接点明使用该软件的用户很多，这么多人选择，肯定是因为它的某方面获得了大家的认可。这样的开头比原先的更有力，更容易打动用户的心。我们在写开头时，也要做到具象化的表达。

当然，如果你想让开头的人情味更浓一点，也可以采用香奈儿的 N°5 香水的文案开头的写作方式。为了纪念香奈儿的 N°5 香水诞生百年，香奈儿推出了名为《Inside Chanel》的宣传片，其部分文案如下：

我是 N°5，嘉伯丽·香奈儿创造的抽象香调香水，她在 1921 年与沙皇的调香师恩尼斯·鲍共同打造。

我是一场革命。定义了香水世界的崭新起点，一举让当时流行的所有香水形同过时之作。嘉伯丽·香奈儿创造了一款香水，史无前例超乎想象。

……

这则文案开头，将产品拟人化，既强调了诞生时间，彰显历史悠久，又指明调香师的名气，彰显其品质与格调。直接明了，具体有内容，又有人情味儿。

总之，无论是对产品进行客观评价还是客观展示产品卖点，都要做到通俗易懂，避免出现晦涩难懂的内容或者抽象化的内容。

## 打造一句金句

除了以诚服人，写出卖点外，我们还可以创作一条金句作为开头，既能够体现产品特点，还要具备较强的可读性。

例如，来自天猫超市十周年推出的《我们在超市里谈感情》系列文案，大多数都是以金句开头，然后接上一个生活小故事，十分动人。其中有一则让我印象最为深刻：

谢谢你，把日子过成家。

明知道我爱吃咸，还偏让我吃淡。

不为别的，就因为，对我这高血压，你比谁都上心。

图 4–9 天猫超市《我们在超市谈感情》系列宣传文案之一

（图片来源：天猫超市官方微博）

这则文案的主题是“在超市谈感情”，感情包括亲情、友情、爱情、恩情、师生情等。在开头直接以恩情切入，再联系超市的作用——方便用户购物过好日子，温暖而动人。

要想打造这样的金句开头，我们就要在平时多摘抄，多积累，并从中汲取灵感。电影电视台词、名人佳句、俗话谚语等，都可以成为我们灵感的源泉。在写文案开头时，我们可以直接引用，也可以混用这些素材。

近段时间，我一直在看脱品秀节目，节目中金句频出。有的甚至可以直接将其改编作为产品文案开头。例如：

现在哪有什么纯绿茶，大家都是混合饮料。——赵英男

我们需要婚姻，是希望有一个人，能陪我们一起对抗世界。——臧鸿飞

第一则可以作为茶饮类产品的文案开头，第二则可以作为相亲网站广告的文案开头。

除了综艺，影视作品的台词也有许多金句。例如，《马男波杰克》中，有这样一句话：

不要停止奔跑，不要回顾来路，来路无可眷恋，值得期待的只有前方。

如果我们的产品是运动类的，就可以直接引用这句话作为开头。在符合“运动”这一主题的前提下，让受众不要放弃运动，还告诉受众当勇往直前的人生哲理，让人印象深刻。

再例如，在《阿甘正传》中，主角阿甘的妈妈有一句

话令人印象深刻：

人生就像一盒巧克力，你无法预知会吃到什么口味。

如果我们的产品是巧克力，那么就可以直接引用这句话作为开头，既点明了产品是巧克力，也说出了该款巧克力有多种口味，更贴合了“人生”的主题，将文案格调升华。此时，这句文案已经不再是单纯地展示产品，还在展示品牌形象，一箭双雕。

以上就是直接开头，开门见山地亮出文案魅力的方法。纸上得来终觉浅，绝知此事要躬行。作为文案创作者，在了解方法后，也要多积累，多训练，才能提升文案的创作能力。

## 第四节　借势开头：借助热点聚焦用户注意力

“大鹏一日同风起，扶摇直上九万里。”大鹏借风势可上青云，文案借时势也有可能“封神”。作为文案创作者，我们需学会借势营销，聚焦用户的注意力，便有可能创作引人入胜的文案开头。那么，创作文案开头如何借势呢？

### 借势节日热点

在《小王子》中，小王子问狐狸：“仪式感是什么东西？”

狐狸回答：“仪式感是经常被人们遗忘的事情。它能让某一天与其他的日子不同，让某一时刻与其他时刻不同。”

对于大多数人而言，仪式感能为生活带来更多美好。而节日绝对是人们最愿意花费时间与精力，打造仪式感的对象。因此，节日成了大众关注的热点。

每年除了 7 个法定节日外，还有情人节、圣诞节等外来节日，“618”、“双 11”等电商节日，“520”等新生节日，再加上二十四节气，都是人们关注的热点，也是我们可以“蹭”的热点。借助这些热点创作文案开头，可以快速抓住用户注意力，加深用户对产品与品牌的印象。

一般而言，借势节日热点创作文案开头有两种方式。其中，直接将节日作为关键词，联系节日的寓意，以及过节的习俗等进行创作的方式，是最简单的方式。例如，

2021年七夕节，美团外卖结合七夕的寓意，以及送花的民俗习惯，创作了节日视频，其部分文案如下：

七月初七，美团外卖，七夕仙阁花神小七，为你说爱。

爱有两难，他难言传，她难意会。一束团花便胜过千言万语。星河流转，团花相送。定不负此刻佳期……

愿指尖的爱，都能跨越星河。七夕买花，就上美团外卖。

在开头，直接点明节日日期和自己的品牌名，结合七夕“爱”的主题，告诉用户美团外卖可以帮助传达爱意，从而引起用户注意。

再例如，58同城在中秋节时推出的文案，在开头直接点明中秋：

细数十年事，十处过中秋。

漂泊若倦，可缓缓归矣。

换份离家近的工作，58同城招聘。

这则文案开头直接引用了宋词《水调歌头·细数十年事》中有关中秋的佳句，回想十年往事，在十处不同的地方过中秋，结合第二句，传达出异地漂泊、思念家乡的情感。58同城在中秋时引用此句，可以唤醒用户在外漂泊的记忆，让他们在情感上产生共鸣，加深印象。

除了将节日作为热点关键词，引起用户注意外，我们还可以结合自己的产品与品牌，选择与节日相关的关键词，创作文案开头。

例如路虎（中国）在中秋时，创作了推广文案：

月有盈缺，心无疆界。

所有伟大的征越，来自于心中的发现。

代表中秋的意象有月亮、玉兔、嫦娥等，这则文案抓住“月亮”这一意象，紧扣节日热点。先说月有圆缺，被自然规律所约束，而后说心与月亮不同，不会被规则束缚，没有边界，十分自由。不仅抓住中秋话题，还传达出“自由”的品牌概念。

除了抓住节日意象，我们在写文案开头时，也可以将节日相关的习俗作为切入点。例如，中秋节的习俗是吃月饼、赏月、回家团圆等。2020年，美团在中秋节抓住了“回家团圆”的习俗，推出了这样的宣传文案：

牵熟悉的手，陌生路也是归途。

娜娜与老徐是在一个旅行团认识的，从恋爱到结婚没少旅游，这一次他们又在美团上定好了机票准备出发，但娜娜坚信只要拉着老徐的手，旅行的终点永远都是家。

美团，帮大家吃得更好，生活更好。

在这则文案中，美团对中秋回家的习俗重新定义，告诉用户“与熟悉的人、与爱的人在一起，就是回家”，从而引起用户在情感上产生共鸣，达到宣传目的，在用户心中留下“美团是有温度的品牌”的印象。

总的来说，借助节日、节气创作的文案一般都具备时限性，需要在节日前后发布，否则文案宣传的结果会大打折扣。要做到宣传即时，需要我们从日常生活中发现灵感，时常更新自己的素材库。

图 4-10　美团中秋节宣传文案

借势社会热点

“吃瓜”是人们的天然属性，哪里有热闹，哪里就有人群，而社会热点最能引起人们“看热闹”的心理。我们在写文案时，也可与社会热点联动，打造一个夺人眼球的开头。

在文案界最成功的借势“大佬”非杜蕾斯莫属。在2011年，北京的一场超大暴雨成为众人关注的热点。杜蕾斯在此节点，想出了将产品套在鞋子上避雨的点子，在微博上引起“病毒式”的传播，一小时之内转发量直接过万，成为轰动一时的经典借势营销案例。直至今日，在营销领域中，依旧占据一席之地。之后，杜蕾斯再次结合社会热点，推出更多优秀文案，让人赞叹。

当一个社会热点形成之时，我们应该如杜蕾斯一样懂得把握宣传点与宣传时机。从杜蕾斯的一些成功案例来看，借助社会热点写文案开头的方式有以下两种。

**1. 对热点表述自己的态度与观点**

例如，2021 年的日本奥运会是一个全民关注的热点，有许多品牌推出相关的文案。美团外卖也紧跟潮流，直接将文案印在外卖小哥的外卖箱上：

今夏奥运，咱们混同一个“饭”圈。

美团外卖为中国奥运健儿加油！

文案开头直接点明奥运热点，然后用一个“饭圈”，既表达出像追星一样追奥运的态度，又突出了美团外卖的产品——饭菜。一箭双雕，赢得了热度的同时，加深了用户对自身品牌的印象。

友谊第一，比赛第二，干饭第三。

美团外卖为中国奥运健儿加油！

文案开头则是化用了“友谊第一，比赛第二”的口号，表达出文明的竞技精神，再加上一个“干饭”引出产品，让文案更富生活烟火气息。

图 4–11 美团外卖箱宣传文案（图片来源：美团外卖官方微博）

**2. 直接对热点进行评价**

例如，苏炳添在奥运会 100 米决赛中以 9.83 秒的成绩打破了亚洲记录，成为第一个突破 10 秒成绩的中国人。安踏针对这一热点推出了文案：

历史在今天才真正在 10 秒内汇合。

不再有黑人、白人、黄种人之分，

只有一个简单的字——人。

人类的极限，从此由人类共同突破。

爱运动，中国有安踏。

该文案开头对“苏炳添成为突破 10 秒成绩的第一个中国人”的热点，给出评论“历史在今天才真正在 10 秒内汇合”，让用户不禁想起曾经那段在奥运中不断突破极限的故事，以及奥运健儿们不放弃的竞技精神，开头也因此而惊艳。

借助社会热点创作文案开头，虽然能提升文案的吸引力，但也有可能会因措辞不当带来负面影响。因此，热点虽好，但也不能过界。

### 借势慢热话题

除了节日热点、社会热点外，还有一些“慢热点”也可以成为文案开头的切入点。当今社会，有许多话题虽然没有“大红大紫”，但也一直是一个“小粉红”，经常被人拿出来谈论。例如职场歧视、婚姻、加班、自律等，这些话题都属于“慢热点”，反映了社会发展的某种小趋势，而且与用户的生活和工作息息相关，更易引起用户关注。

随着越来越多人表示自己有“拖延症”，自律这一话题的热度也慢慢提升，有的人认为要想成功必先自律，有的人则认为自律是众多“鸡汤”中最“毒”的一碗。随着人们的争论不休，自律也成了“慢热点”话题之一。据此，Keep推出了一则有关“自律”的广告文案，其部分内容如下：

自律给了我们什么自由：
奶茶自由，
炸鸡自由，
火锅自由，
撸串自由，
再来一片的自由

……

要练，就练到拥有删掉keep的自由

自律给了我们快乐的自由。

这则文案开头以“自律”的“慢热点”话题为切入点，向用户提出一个问题，引导用户思考，成功抓住了用户的热点。可见，“慢热点”虽不火爆，依旧能够成为我们可以“蹭”的对象。

除了自律，许多年轻人感兴趣的话题更容易引起注意，比如年轻人尤其是Z时代的人经常讨论的“朋克养生”，“90后”经常讨论的“996”等，即便过去几年时间，依然时不时被人们再次讨论。

在以这些“慢热点”开头时，我们不能自说自话，而是要从用户的角度来写，尽量让文案传达出的情感与用户的情感有相通之处，如此方能引发用户共鸣，提升用户的认同感。

以上就是用热点开头，聚焦用户注意力的写作方法。总之，我们需要时刻关注互联网上爆发的热点，做到耳听八方、眼观六路，才能写出令人惊艳的文案开头。

第五章

# 撰写正文：爆款文案也有写作“套路”

正文是文案的精华，也是文案创作者展示文案功底、刺激用户消费的关键。一个精彩绝伦的文案正文，不仅能充分展出文字的魅力，还要能戳中受众的痛点、收割受众的购买欲望、真正打动受众。

## 第一节 讲好故事，让文案"C"位出道

如果想让人快速地认识、了解并喜欢一个品牌或一款产品，最好的方式就是通过文案讲一个精彩的品牌或产品故事。好的文案故事，就像一座桥梁，能有效地连接产品、品牌和受众；好的文案故事，就像一扇门，推开这扇门，受众就能走进产品或品牌，接收产品或品牌传递的价值、观念和情绪。

毋庸置疑的是，人类天生就爱读故事。一个好故事，是最低成本的说服方式，它所带来的情感价值和所创造的利润不可估算。从这个角度而言，一个好的文案创作者，一定要是一个好的故事讲述者。

那么，在撰写文案的过程中，如何才能写好文案故事呢？我们不妨先从写好文案故事的三个关键步骤聊起。

### 三个关键步骤，写好文案故事

以讲故事的方式撰写文案，能够更有效地调动受众的情绪，引发受众的共鸣，进而提高文案的传播速度和影响能力。但这样的好故事，写起来却并不容易。结合我自己的实践经验，在采用讲故事的思路来撰写产品或品牌文案时，可以从以下三个步骤入手，如图 5–1 所示。

图 5-1　撰写文案故事的三个关键步骤

**1. 根据产品或品牌的核心理念确定故事主题**

“现代营销学之父”菲利普·科特勒曾针对故事营销发表过这样一个观点：“故事营销是通过讲述一个与品牌理念相契合的故事来吸引目标消费者。在消费者感受故事情节的过程中，潜移默化地完成品牌信息在消费者心智中的植入。”

毋庸置疑的是，每一个产品或品牌，都有相应的产品或品牌理念。这些产品或品牌理念，正是撰写文案故事最好的主题支撑。

以褚橙为例。褚橙的创始人褚时健有一个大起大落的人生。而他最让人钦佩的地方在于，在人生跌入谷底之际，75 岁的他却重新站了起来，走向了创业的道路，创办了“褚橙”品牌。褚时健身上所具备的这种“励志”精神，就是“褚橙”品牌的核心理念。那么，在以“褚橙”为主题撰写故事型文案时，以“励志”为主题无疑是最好的选择。

由此可见，要想写好故事型文案，作为文案撰写者的我们，首先就要明确产品或品牌的核心理念，并且根据产品或品牌的核心理念，确定故事主题。

**2. 根据目标受众确定故事的讲述方式**

文案的本质是沟通，要想让故事型文案产生更有效的沟通效果，就需要使用目标受众更喜欢、更容易理解和接受的方式去讲述故事。比如，文案的目标受众是儿童，那么，文案故事的讲述方式就应该活泼有趣；如果文案的受众是女性，那么，缠绵悱恻的故事就是不错的选择。

因此，创作文案故事的第二个关键步骤，就是找准目标受众群体，并根据目标受众确定故事的讲述方式。

以江小白为例，不同于普通白酒通常会以中老年人为目标群体，江小白的目标受众群体是年轻人。因此，江小白的文案故事，也通常是以年轻人喜欢的风格和方式进行讲述的。比如：

线上有多热闹，我就有多想见你。

图 5-2 “江小白”海报宣传文案

早知道很多人走散就不会再见，就该说出那句吞回肚里的话，给出本该给予的拥抱。

图 5–3 “江小白”海报宣传文案

### 3. 寻找故事的冲突点

如果要用一句话定义故事，这句话应该是“什么人，在什么地方，做了什么事”。由此，我们可以总结出构成故事的三个重要要素，分别是：人物、背景、情节。其中，情节是故事的核心，故事的传播力和共情力，几乎都由故事情节决定。

那么，如何才能让故事文案具有引人入胜的故事情节呢？最简单有效的方式就是让故事具有戏剧冲突。关于这一点，我们可以从许多经典文案故事中一探究竟，比如：

ROSEONLY——“一生只爱一个人”：爱情唯一与惧怕出轨的冲突；

德芙巧克力——“Do you love me”：喜欢和说不出口的冲突。

从本质上而言，冲突正是故事的灵魂。一个没有冲突的故事，只能称之为“流水账”，而不能称之为具有传播类内核的故事。因此，创作文案故事的最后一个关键步骤，正是寻找故事的冲突点，让文案故事具有引人入胜的情节。

## 四个关键要素，让故事更具吸引力

在上文中，我们介绍了写好文案故事的三个关键步骤。按照这三个步骤逐步进行，写出一篇成熟的文案故事不是难题。不过，文案创作者如果想让自己的文案故事更加出彩，还需要在文案故事中加入以下四个关键要素。

### 1. 鲜明的主题

一个好的文案故事，一定离不开鲜明的故事主题。如果把文案故事比喻成一棵大树，那么，故事主题就是这棵大树的树干。正如大树的枝叶是从大树的树干延伸生长一样，文案故事的展开也需要围绕故事主题进行——文案故事的主人翁应该是故事主题的化身；文案故事情节应该围绕故事主题展开；文案故事的结局也要与故事主题产生联系。

比如，如果你的故事主题是“永不服输”，那么，文案故事的主人公就应该具备坚韧和永不言弃的性格特征；文案故事的情节就应该围绕“永不服输”展开，例如论述故事主人公“永不服输”的原因，描述故事主人公“永不服输”的过程等；文案故事的结尾也要与“永不服输”产生联系，例如在“永不服输”的精神指引下，最终获得了成功，等等。

2. 丰富的情感

“故事教练”许荣哲在《故事课》一书中描写过这样一个案例：

有一位失明的老人坐在路边乞讨，他的面前放了一块纸板，上面写着：“我是个盲人，请帮帮我。”然而人来人往，大多数人只瞄了一眼就匆匆离开。后来，有个路过的女孩停了下来，把“我是个盲人，请帮帮我”这几个字画个大叉，然后翻面，重新写了一段话。随后奇迹发生了——经过的路人，看到纸板上的话，再看一眼老人，纷纷掏出钱来。女孩写的是：“这真是美好的一天，可惜我看不见。”

对比一下，“我是个盲人，请帮帮我”和“这真是美好的一天，可惜我看不见”这两条文案之间，究竟有什么差别呢？答案可以用两个字概括——情感。

“我是个盲人，请帮帮我”是用一种平淡的叙述，描述一个客观存在的事实，读起来冰冷生硬，不带感情；而“这真是美好的一天，可惜我看不见”则是一个充满情感的故事描述，带着温度，触动人心。

毋庸置疑的是，在现实生活中，我们很难通过理智去影响别人，但却可以通过情感去影响别人。在撰写文案故事时，如果能够在故事中加入丰富的情感元素，那么，故事就能更加扣人心弦、引发共鸣。

### 3. 生动的细节

试想一下，一段文字和一张图片同时展示一个相同的场景和事物时，哪个留给你的印象更直观、更深刻？我想，大多数人的答案都是图片。这是因为，人的大脑对于文字的记忆是有限的，而对于可视化图像的记忆则更深刻。这个常识，也可以运用到文案故事的撰写中——要想让撰写出的文案故事更令人记忆深刻，就可以让文案故事更具画面感，能够在人的脑海中构建出逼真的场景和情景。

如何才能做到这一点呢？答案是很简单的：借助生动的细节描写。

简单而言，所谓的细节，就是指对故事发展和人物的性格、肖像、心理、动作以及环境等一些细微而又有典型意义的情节所做的细腻、具体的描写。通俗地比喻，细节就是电影的慢镜头或者停顿，能够起到很好的强化主题、烘托氛围的作用。一个好的文案故事，一定离不开生动细节的描写和渲染，没有细节，故事三两句话就说完了，干巴巴，不能打动人，而有了细节，故事才会变得有血有肉，更加引人入胜。

说到这里，不妨来看这样一个案例。

露出笑脸会花掉你多少时间？半个小时。

三块自家做的蛋糕。

自家采摘的花朵。

你男朋友的一张照片。

一个长途电话。

模仿一下 Dev Anand（印度演员）。

问一些问题。

读一篇小说。

听一个故事。

星期日早上出其不意的拜访。

遛狗。

换一个灯泡。

讲一个笑话。

征求一下他的建议。

给他一些建议。

闲聊、笑、聆听。

你只要花一点儿时间陪陪老人就够了。

——《孤独像关节炎一样痛》

这篇文案出自印度文案大师 Freddy Birdy 之手，故事主题是“关爱孤独的老人”。文案中采用了大量的细节描写，比如：“三块自家做的蛋糕”“自家采摘的花朵”“遛狗”“换一个灯泡”……通过这些细节描写，关爱孤独老人，给他们带去温馨和快乐的画面感立马就出现了。阅读这些文字，我们仿佛都能看到老人脸上露出的灿烂笑容。

这便是细节描写的重要性。

毋庸置疑的是，故事文案的写作，需要场景的构造、画面的描绘和情绪的渲染，而这些，都源自于对细节的把控。从某种程度而言，越是注重细节的文案故事，越具有引人入胜的魔力，越能够让人无法忘怀。

**4. 震撼的真人真事**

回想一下，当你看完一部精彩的电影，如果片尾出现了一行小字——“该片由真人真事改编”，你的内心是否会更加震撼?

这便是真人真事的魅力。撰写文案故事也是一样的道理，我们可以巧妙地运用真人真事。要知道，生活是艺术的来源，如果一个文案故事本身已经足够打动人，当受众读完后发现，这些扣人心弦的故事并非杜撰而是真实存在时，那么，他们的内心就会产生更强烈的震撼感、敬畏感或者共鸣感。

在这一点上，New Balance 以李宗盛为人物原型所打造的文案故事《致匠心》就是很好的案例：

人生很多事急不得，你得等它自己熟。

我 20 出头入行，30 年写了不到 300 首歌，当然算是量少的。

我想一个人有多少天分，跟出什么样的作品，并无太大的关联。

天分我还是有的，我有能耐住性子的天份。

人不能孤独的活着，之所以有作品，是为了沟通。

透过作品去告诉人家心里的想法，眼中看世界的样子，所在意的、珍惜的。

所以，作品就是自己。

所有精工制作的物件，最珍贵不能替代的就只有一个字，“人”。

人有情怀、有信念、有态度。

所以，没有理所当然，就是要在各种变数可能之中，仍然做到最好。

世界再吵杂，匠人的内心绝对必须是安静、安定的。

面对大自然赠与的素材，我得先成就它，它才有可能成就我。

我知道，手艺人往往意味着固执、缓慢、少量、劳作。

但是这些背后所隐含的是，专注、技艺、对完美的追求。

所以，我们宁愿这样，也必须这样，也一直这样。

为什么，我们要保留我们最珍贵的，最引以为傲的。

一辈子，总是还得让一些善意、执念推着往前，我们因此能愿意去听从内心的安排。

专注做点东西，至少对得起光阴岁月，其他的，就留给时间去说吧。

这篇文案讲述了一个音乐人满怀一颗匠心专注做音乐的故事，故事的主角正是家喻户晓的音乐创作人李宗盛。如果这段文案故事，是随随便便杜撰而出的，那么，它多少会让人感觉有些空洞、有些假。正是因为这些故事是发生在李宗盛身上、真实存在的，因此，当从李宗盛口中缓缓道出时，才引发了受众的思考与共鸣。

俗语有云："纸做的花儿不结果，蜡做的心见不得火。"对于写文案故事而言，真实往往是最宝贵的要素之一。一方面，在文案故事中诉诸真实，能够让受众感受产品或品牌货真价实，并非胡乱地赋予价值，或者一味吹捧；另一方面，故事越真实，越能打动人心，越具有感染力。

以上分享了讲好文案故事的三个关键步骤和四个关键要素，你学会了吗？有人曾经说过："故事能在多大程度上感动我们，取决于我们对它的认同。或许，故事就是灵魂的语言。"的确，故事拥有一种神奇的魔力，大多数人都喜欢听故事。在信息过载的新媒体环境之下，"有故事"的文案一定比普通文案具有更强的传播力，因为受众可能会排斥广告，但一定不会排斥故事。因此，在写文案时，文案创作者要学会将故事的力量嫁接到文案上。

## 第二节　来点颠覆，打破标准的文案范式

写文案是一个“脑力活”。作为文案创作者的你在撰写文案的过程中一定也有类似的困惑：写着写着就没有灵感了；写出的文案总是缺乏创意，无法吸引受众的注意力……

如何才能解决这些困惑呢？

要想回答这个问题，首先需要弄清楚困惑究竟是如何产生的。总结我自己的实践经验，我认为答案十分简单——因为作为文案创作者的你，习惯了传统的文案写作方式，陷入了一成不变的文案范式中。

这也就意味着，要想解决在文案撰写过程中遇到的创作困惑，一个行之有效的方法就是来点颠覆，打破标准的文案范式，用创新和别具一格去勾起受众的兴趣。具体而言，我们可以从文案的表现形式和内容两个方面做文章。

### 表现形式上，与众不同

1960 年，广告人乔治·路易斯在《生活》和《展望》杂志上同时投放了“咳定宁”止咳糖浆广告。这则广告最大的特点是“极简”——没有产品露出，没有 Logo，没有任何解释，黑色的底纹上，印着两句白色的文案：

约翰，比利又咳嗽了？

那你起床去给他喝点儿咳定宁。

这则文案刊登后，立刻成了热门话题，引发了人们的广泛讨论。

为什么这则看似简单的文案，却产生了如此巨大的影响力呢？秘诀便出在其与众不同的表现形式上。说到这里，我们不妨先看一组“咳定宁”止咳糖浆广告与同时期其他止咳糖浆广告的对比。

**图 5–4 “咳定宁”止咳糖浆广告与同时期其他止咳糖浆广告对比**

从图片对比中不难看出，同时期其他止咳糖浆的广告都很繁琐，文字、图片、Logo、解释说明，样样不少。相比之下，“咳定宁”止咳糖浆的表现形式就显得格外与众不同，在一众复杂广告中，算得上是视觉上的“原子弹”。

由此可以看出，要想让自己的广告文案在多如鸿毛的纷繁信息中脱颖而出，给人留下深刻印象，采用与众不同的文案表现形式是一个不错的选择。

那么，如何才能让自己的文案具有与众不同的表现形式呢？一个实际可行的办法就是在文字的使用上多下功夫。下面，我将结合自己的实践经验，为大家列举一些不一样的文案形式表现方法，以供大家参考。

### 1. 显字法

显字法即突出关键字或关键词，让受众通过关键字或关键词对文案产生画面感，进而对产品或品牌的性能、外观设计等形成基础认知。比如：

每晚只用一度电。

这条文案出自格力空调，通过突出关键字“一度电”，展示出了格力的节能省电功效。

坐红旗车，走中国路。

这条文案出自红旗汽车，关键字为“中国路”，通过突出这一关键词，将品牌的理念和形象提升到了国家情怀方面，让人难以忘却。

### 2. 变字法

变字法即采用夸张化手法，改变文字结构，将文字直接变成画面，以形成视觉化冲击。图 5–5 所示就是一种典型的“变字法”文案。

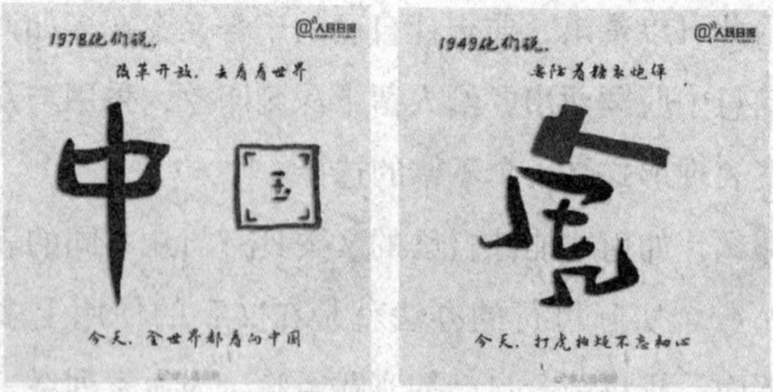


图 5–5 “变字法”文案案例（图片源自：人民日报官方微博）

上图中两张文案海报选自创意字设计师王左中右为人民日报官方微博设计的一组宣传海报。它们的共同特点是都采用了夸张的“变字法”，让文案直接具有了画面感。

**3. 造字法**

造字法又可称之为“无中生有”，即根据文案需要，结合所宣传产品或品牌的特征、精神内核、传递理念等，创造出一种全新的文字，以达到帮助文案传情达意和吸引受众关注的目的。

比如，2016 年，在新产品发布会举办之前，方太曾在《京华时报》上投了整版广告，文案只有一个奇葩的汉字加一句话——“怎么念？6 月 7 日见！”

详情如图 5–6 所示。

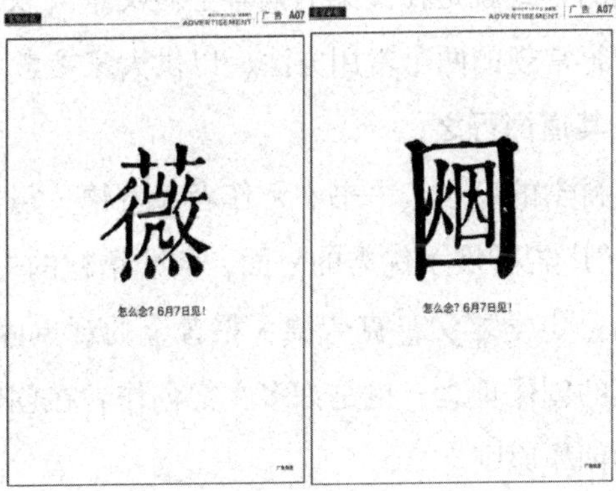


**图 5–6　方太刊登在《京华时报》上的广告文案**

这则新颖的广告文案，一方面吊足了受众的胃口，勾起了受众的好奇心和求知欲，当看到报纸上凸显的陌生汉字后，许多人的第一反应都是去猜测这些字究竟怎么念，很好地起到了宣传和推广的作用。

另一方面，这些人为造出的汉字，也很好地诠释了方太的品牌内核和方太产品的主打特色：第一个字是“口”与“烟”的汉字组合，点明了“方太智能油烟机，四面八方不跑烟”的功效；第二个字是将“蒸”与“煮”拆分后进行的重组，表明了“蒸箱与微波炉合体，形成蒸微一体机”的特征。

## 文案内容上，打破常规

作为文案创作者，要想让自己创作出的文案别具一格、具有新意，除了在文案的表现形式上做文章之外，最简单有效的方式就是在文案的内容上做文章。以下分享打破文案内容常规的两个常用方法，以供大家参考。

### 1. 反其道而行之

在《科学的广告》一书中，作者克劳德·霍普金斯这样写道：“广告要展示优秀的一面，而非糟糕的一面。”诚然，作为广告学之父，克劳德·霍普金的观点固然不错，他所传达的创作理念，也是许多文案创作者在创作文案时会坚守的创作原则。

只不过有些时候，在创作文案时，作为文案创作者的我们也可以反其道而行之，适当地“示弱”，把糟糕的一面展示出来，说不定会起到意想不到的文案宣传效果。比如：

此空位，为佳洁士保留。——佳洁士

这则文案来自牙膏品牌佳洁士。按照常规的文案创作思路，牙膏广告文案应该展示整齐漂亮的牙齿，蛀牙或缺颗牙是断然不能出现在广告或广告文案中的。可是佳洁士的这则广告却反其道而行之，直接在文案中突出了“空位”二字，再配上一张正处于换牙期的小孩笑容灿烂却缺颗牙的画面，一下便被人记住了。

总之，好的文案应该能翻转看世界的角度。就好像心理学教材里，同一个剪影既可看作高脚杯，又可看作两张脸，在创作文案的过程中，同一个产品或品牌，当大多数人都在从正面入手，渲染产品的优势和有利一面时，如果你能够反其道而行之，从反面入手，把产品的劣势变成优势，把产品的缺点当作优点来卖，那么，你就是高手。

**2. 尝试“跨界”，打破文案创作的类别风格**

提起糖果，大家很自然地会想到甜；提起辣椒，大家很自然地会想到辣。诚然，在这个世界上，万事万物都有它固有的特征，提起某个事物，大家脑海中首先浮现的就是这个事物的典型特征。撰写文案也是一样的道理，如果我们认真观察并分析身边肉眼可见的广告文案，就会发现，每一类广告文案都有其固定的创作风格，汽车广告有汽车广告的风格，房产广告则有房产广告的风格。

那么，你是否思考过这样一个问题：如果我们能够尝试“跨界”，打破文案创作的类别风格，用受众熟悉的某种类别的文案风格，来创作另一种类别的文案，比如，用汽车文案的风格来创作房产文案，或者用房产文案的风格来创作服装文案，会不会有意外惊喜呢？

答案显然是肯定的。在这一点上，卫龙辣条就为我们做出了很好的示范：

Hotstrip7.0

改变食界，条条是道。

9月13日起售，限500份。

图 5–7 卫龙广告文案 1

Hotstrip ②—卫龙

一包在手，天下我有。

图 5–8 卫龙广告文案 2

以上两条文案节选自2016年卫龙推出的一系列广告文案。乍一看，是不是感觉这不是食品文案，而是"iPhone"文案？这正是这一系列文案的特别之处。2016年9月，iPhone7上市，于是，卫龙奇思妙想，模仿iPhone7的产品广告设计，推出了一版具有浓浓"苹果风"的辣条海报，成功吸引了无数受众的目光，做出了一次成功尝试。

值得一提的是，卫龙保持文案与"苹果"的高度一致，卫龙还在文案中给自己的产品取了一个别致的英文名"Hotstrip"，其中，"Hot"是辣的意思，"Strip"有长条的意思，合起来就是"辣条"。不得不说，在这次"跨界"尝试中，卫龙既掌握了"苹果"的精髓，又突出了自己的个性。

生活的经验告诉我们，大多数时候，越是新颖的、没见过的或者日常少见的内容，往往越能勾起受众的兴趣。文案创作也是一样的道理，当你的文案打破了标准的文案范式，在表现形式或文案内容上有所创新后，你就赋予了文案新的灵魂。

## 第三节　传递温度，让文案治愈人心

不知从什么时候开始，“治愈”成了风靡的热词，治愈电影、治愈歌曲、治愈声音……和“治愈”沾边的东西，似乎都变得格外受欢迎。

之所以会这样，原因很简单：因为生活在这个喧嚣世界的我们，忙碌成了常态，焦虑成了常态，压力成了常态，实在太需要治愈了。

我们说，撰写文案的目的之一正是宣传和说服，一则好的文案，既要能够带动品牌的传播速度，又要能够触动人心，吸引更多的人去选择产品或品牌。而要达到这些目的，就要求文案创作者在创作文案时，能站在受众的角度，受众需要什么，就去撰写什么。

从这个角度而言，在撰写文案正文时，学会传递温度，抓住“治愈”内核，写出能抚慰人心、呵护情绪的治愈系文字，显然是不错的选择。本节，我们就来聊一聊治愈文案的撰写方法和撰写技巧。

### 提炼情感，用最纯粹的情绪诉求引发受众共鸣

不可否认的是，如今，我们正生活在一个越来越复杂、越来越多元的世界。社会越复杂、越浮躁，生活和工作的压力越大，人往往越渴望简单和纯粹。因此，撰写治愈文

案的核心技巧之一，就是对人类多元复杂的情感进行提炼，找出其中最纯粹、最有力量、最能引发共鸣的部分，用文字表达出来，构建一个温暖的、不含杂质的心灵乌托邦。

在这一点上，奥美广告便为我们做出了很好的示范。

2018 年，奥美为台湾地区的礁溪老爷酒店打造了一条长约 1276 公分的刺绣扶梯广告，这则广告以“老爷式成年理——有些道理，大人才懂”为主题，分别从泡汤、用餐、躺卧、刷牙、小酌及赖床等场景出发，延伸出了 18 句治愈文案：

【道理一】心血泡汤没关系，身体泡汤补回来。

【道理二】放空比没空，境界高多了，值得好好练习。

【道理三】遇到自己的菜，不要怕吃太久。

【道理四】我的一小“不”，成熟的一大步。

【道理五】睡不着，就继续玩，强摘的果子不会甜，强作的梦也是。

【道理六】再追一集，直到收集到能做出美梦的情节，才去睡。

【道理七】后来懂了，骨子要硬，但身子要软。

【道理八】心里有事，请个事假。

【道理九】摄取不同种类的菜很重要，今天法国菜，明天泰国菜，后天意大利菜。

【道理十】“懒”是我养的宠物，再忙都要花点时间摸摸才行。

【道理十一】刷完牙后，再吃一颗糖（今晚已经是三刷了）。

【道理十二】提醒自己，时间有多可贵，所以买了一支好表。

【道理十三】好好追求工作效率，都是为了留些时间挥霍人生。

【道理十四】酒喝不够多，真心话什么时候说。

【道理十五】今天喝水量不足，就在威士忌里加个冰弥补。

【道理十六】我的志愿：长大后，继续当小孩。

【道理十七】下班就要头也不回，休假就要已读不回。

【道理十八】让小孩见识一下，比赖床，妈妈有练过。

作为一家五星级酒店，礁溪老爷酒店的目标消费群体主要是30–40岁的中产人士，事业有成的他们，同时也面临着工作、生活、人际关系等多方压力。在重压之下，他们中的大多数选择了隐藏甚至放弃自我，按照世俗要求的那样生活。但在内心深处，他们又十分渴望做回自己，从密不透风的工作和生活中抽离，去偶尔任性，做自己想做的事。

奥美正是从上述提到的中产人士复杂多元的情感体验中，最终提炼出了最纯粹、最具代性的“偶尔任性”的情感诉求，并以此为内核，用文字道出了成年人内心的隐秘呐喊，形成了上述18条别致文案，与消费者进行了直接的情感交流，引发了许多人的情感共鸣。

小时候想做什么，总会被安慰说长大了就可以去做。

可长大后发现，面对的是更多的不可以。这大概是许多中年人真实的生写照。而当看到这些扎心的“成人任性理”文案后，作为被生活长期“蹂躏”的中年人，就犹如解了一个心头结，委屈的心很快就被治愈了。

### 拿捏情绪，用云淡风轻的文字抒写直指人心的情绪

“治愈”是一种美好的情绪体验，它代表的是温暖人心，让人感觉平静又放松。然而，要想让自己撰写出的文案具有这种美好的情绪体验，却并不是一件容易的事情：一方面，它要求我们撰写出的文案里必须暗藏着对生活深刻的思考和洞察；另一方面，它要求我们撰写文案的方式不能尖锐、犀利，而应该风轻云淡。一句话总结：所谓的治愈，就是用看似不经意的文字，写出沉甸甸的情绪，让人觉得既放松又不肤浅。

从这个角度而言，治愈文案的写作难点正是对情绪的拿捏，它强调的是一种举重若轻的“刚刚好”：如果情绪太淡，就会显得不痛不痒，起不到直击人心的效果；如果情绪太重，又会显得催人肝胆，破坏平静放松的氛围。

在这一点上，电影《绿皮书》的一系列海报文案就为我们做出了很好的示范：

我父亲曾经说过，
无论做什么，
都要百分之百地做，

工作就工作，

笑就笑，

吃饭的时候要像最后一顿。

图 5-9 《绿皮书》海报文案 1

世界上，

那么多孤独的人，

因为他们，

都没有勇气迈出第一步。

图 5-10 《绿皮书》海报文案 2

我在纽约的夜店，

干了一辈子，

我明白，

这个世界很复杂。

图 5–11 《绿皮书》海报文案 3

以上节选的三组文案都具有一个共同点：它们的情绪拿捏都很到位，既不显得过分浓烈，也不显得过分寡淡；它们都用看似平淡无奇的文字，诉说了一个刻骨铭心的道理，营造了浓浓的情绪氛围。读完后，很容易便让受众会心一笑，与自己、与世界产生了和解。

它们都是典型的治愈型文案。

不可否认的是，生活在这个快节奏时代的我们，几乎每一天都在经历日常生活所带来的“小型创伤”，而传递温度的治愈型文案，就像一块小小的创可贴，可以暂时黏连住我们的“伤口”，让我们忘记紧张、压力和疼痛，得到片刻的喘息。这或许也正是温暖的治愈型文案之所以深得人心、广受喜爱的原因。应该说，作为文案创作者，掌握治愈型文案的创作技巧是非常必要的。

## 第四节　打磨文字，让文案更具诗意

文字表达也需要技巧，同样的意思，当采用不同的文字表达出来时，给人的感受往往也不同。比如，情人节，A和B分别给自己的爱人送了礼物和贺卡，贺卡里这样写道：

A：“爱你一生一世。”

B：“愿得一人心，白首不相离。”

很显然，A和B表达的意思相同，但相比之下，A的表达更土味，B的表达更精致、更诗意、更高级。

从某种程度而言，写文案的目的和写贺卡向爱人表白的目的有异曲同工之处，都是为了俘获对方的芳心——前者是为了俘获受众的芳心，后者是为了俘获爱人的芳心。正如表白的文字需要精心打磨一样，文案的撰写也需要注重文字的打磨。尤其是在撰写一些文艺风的的产品或品牌文案时，通过文字打磨让撰写的文案更具诗意、更显高级就更为重要了。

那么，作为文案创作者，如何才能让自己的文案写出惊艳的诗意和满满的高级感呢？阅读本节内容，或许你会找到答案。

### 用“陌生化”文字，代替常规文字

在具体讲解之前，我们首先要弄懂一个重要概念——

何为文字的“陌生化”？这是由俄国作家什克洛夫斯基所提出的一个经典理论，简单而言，所谓的文字的“陌生化”，就是一种少见的、反常规的、反习惯的文字组合。这种文字组合能产生奇妙的化学反应，带给人一种新鲜感、韵味感。

比如，我们想要表达抬头赏月，那么，就可以用常规文字和“陌生化”文字这样表达：

常规文字：“我抬头，看见了一轮明亮的月亮。”

“陌生化”文字：“我抬头，看见了一轮沉默的月亮。”

对比这两种不同表达不难发现，“明亮”是月亮的常规表达，而用“沉默”形容月亮则很少见。但是相比于“明亮的月亮”这种常规表达方式，“沉默的月亮”这种“陌生化”文字更能带给人新鲜感。

再比如，当我们要表达自己刚刚喝了一杯水时，用“陌生化”文字描述就是这样的：“我刚喝了一杯浸泡着回忆的水。”很显然，“浸泡着回忆的水”不是我们习惯见到的组合，但这种“陌生化”文字组合在一起，却碰撞出了奇妙了的火花，让整个描述更具画面感，显得更高级、更具诗意。

在撰写文案时，使用“陌生化”文字代替常规文字也是许多文案创作者经常会用到的文字打磨方法。比如：

致我们七荤八素的口腹之欲。

——《人生一串》

图 5-12 《人生一串》纪录片宣传海报

这是纪录片《人生一串》的宣传文案，文案中“七荤八素的口腹之欲”就是一种“陌生化”语言。尽管这样的搭配并不常见，但它起到的效果却很神奇。一方面，“口腹之欲”完美地阐释了这部纪录片想要讲的内容，不是煽情的故事，不是传承的情怀，也不是生硬的说教，就是简简单单的吃的欲望。另一方面，“七荤八素”很形象地描绘了宵夜吃烧烤时的菜单。最重要的是，这种显现的搭配，使整个文案读起来充满了文艺感，与纪录片本身的文艺格调相得益彰。

需要注意的是，“陌生化”文字虽然是一种少见的、反常规的、反习惯的文字组合，但这并不意味着这种文字组合可以随意进行。在具体的文字选择和文字打磨过程中，还是要结合文案创作的基调和产品或品牌的特性，选择最合适的文字进行组合，以达到最好的组合效果。

用“具象化”文字代替形容词堆砌

许多文案创作者常常会走入这样的创作误区：认为让文案更具诗意，就是要多用形容词。事实上，情况可能刚好相反，许多时候，过多的形容词堆砌，不仅起不到让文字诗意化的作用，反而容易破坏文字的意境。尤其是在描述一些抽象的情感或事物时，即便形容词用得再多，也可能无法准确描述。

比如，当我们想形容某个人的美貌时，用形容词堆砌的描述就是这样的：“她是一个二八佳人，眼波流动，五官精致，袅袅婷婷，身材婀娜，正是太美、太漂亮了。”

为了突出美女的“美”，这里用了许多形容词，可是读完后，你的脑海中是否也依然存在疑问，不明白这个美女究竟美到了什么程度？不仅如此，这种“直给”的描述方式，也破坏了文字本身的意境，让美女的“美”，多少显得有些俗气。

那么，有没有更好的描述方式呢？答案是肯定的，那就是用具象化文字代替形容词堆砌，即将一些看不到、摸不着的东西形象化、画面化、具体化。

比如，同样是描写美女的“美”，金庸先生就是高手：

那少女头发上、脸上、手上、衣上都是淡淡的阳光。清军官兵数万对眼光凝望着那少女出神，每个人的心忽然都剧烈跳动起来，不论军官兵士，都沉醉在这绝世丽容的光照之下。

两军数万人马箭拔弩张，本来血战一触即发，突然之间，便似中邪昏迷一般，人人都呆住了。

只听得当啷一声，一名清兵手中长矛掉在地下，接着，无数长矛都掉下地来，弓箭手的弓矢也收了回来。军官们忘了喝止，望着两人的背影渐渐远去。

这段文字描述的是《书剑恩仇录》中的香香公主。金庸先生的高明之处就在于，他并没有用形容词直接描写香香公主的美貌，而是通过"让准备战斗的清军官兵忘记了战斗"这一具体化场景，侧面凸显出了香香公主的美。

具象化描写也是中国诗词最常用的表达手法。比如，在描写"闲愁"时，北宋贺铸并没有用形容词直接形容，而是用具象化描写进行了更诗意的表达——"一川烟草，满城风絮，梅子黄时雨"；在描写"孤独"时，作家白鹤林也使用了同样的具象化描写手法——"从童年起，我便独自一人，照顾着历代的星辰"。

文案撰写也是一样的道理，使用具象化的描写手法，不仅能够使抽象的情感和事物变得更具体、更立体，将产品的利益点或者独特性传达得更为形象和精准，也能够让文案显得更高级、更精致。

比如，某高端楼盘的宣传文案，就采用了具象化的描写手法。

窗含三山五园，门泊碧水云天。

翠柳，石堤，浪花，帆影。

枕畔千帆过，长河落日圆。

红枫，晨雾，梵塔。

彩殿，白云，山涧。

披一袭锦衣，执一壶香茗。

看漫江碧透，层林尽染。

拱桥，流水，跑车，游艇。

楼群沉思湖中倒影。

水草停泊都市纷绕繁忙。

春燕，秋鸟，飞虫。

游鱼，树上的知了。

一副球杆，一群雅友。

夕阳下纵情挥杆。

大地上几条长长的身影。

船，岸，天，地，人间。

昆玉滩头，坐观风起云涌潮飞浪卷。

前世，今生，红尘，去往，彼岸。

万柳丛中，笑谈四季流转天高云淡。

不难发现，在这篇文案中，几乎通篇都是具象化描写，但这些具象化描写组合在一起，却产生了很好的化学反应，不仅很好地描述出了楼盘的美丽景色和舒适环境，而且平添了几分美感和诗意。

# 第六章

# 设计结尾：踢好文案变现的“临门一脚”

想要写出高转化率、高变现率的优秀文案，文案创作者就要踢好“临门一脚”，为文案设计一个精彩的结尾。我们可以在文案的结尾引导行动，制造场景，设置话题讨论，使用金句，以达到吸引用户注意力，提高变现效率的目的。

## 第一节 引导行动式结尾：以情动人，温暖制胜

在一则文案中，结尾的篇幅虽然不长，但地位却不容小觑。好的结尾能起到画龙点睛的作用，能让受众记住产品，甚至能起到引导受众的作用。

假设某公司推出了一款新型抽水马桶，该马桶的广告文案是这样的：“静音抽水，让客人不再尴尬，还家人一夜好眠。”

从广告文案中我们可以看出，“静音”是这款新型马桶的主要卖点，使用了这款马桶，客人如厕时将不再因巨大的抽水声而尴尬，家人也将不再被半夜的马桶抽水声惊醒。对于注重睡眠质量或有老人的家庭来说，这款马桶可能具有较强的吸引力，即使马桶的价格昂贵，他们也愿意买单。

这则虚拟的广告文案或许不够精彩，但是它运用了文案写作中的一个重要技巧——引导行动。它给了受众一个强有力的理由：购买这款马桶不仅可以满足日常使用需求，还可以提高家人的睡眠质量。这个理由足以让受众产生购买动机，并促使他们采取行动。

这种技巧经常被运用于各种知名产品的文案中，比如：

熬夜救星水乳，搞定肌肤小情绪。——瑷尔博士水乳

洗了一辈子的头发，你洗过头皮吗？头皮好，头发才

好。——滋源洗发水

路上堵车，听喜马拉雅。——喜马拉雅 App

累了困了，喝红牛。——红牛

……

引导行动是文案写作中屡试不爽的技巧，如果我们能将其运用于一则文案的结尾，给受众一个不得不买的理由，并引导他们行动，那么文案的变现效率可能会大幅提升。

那么，我们应该如何在文案结尾引导受众行动呢？核心要点在于把握受众的消费心理，打消受众的顾虑，鼓励受众行动，我们一方面要为受众扫除下单购买前的障碍，另一方面要给予受众足够的消费动机。

因此，我们在撰写行动引导式结尾时，可以从减少阻碍和加强动机两个方面入手。引导行动的两大措施如图 6-1 所示。

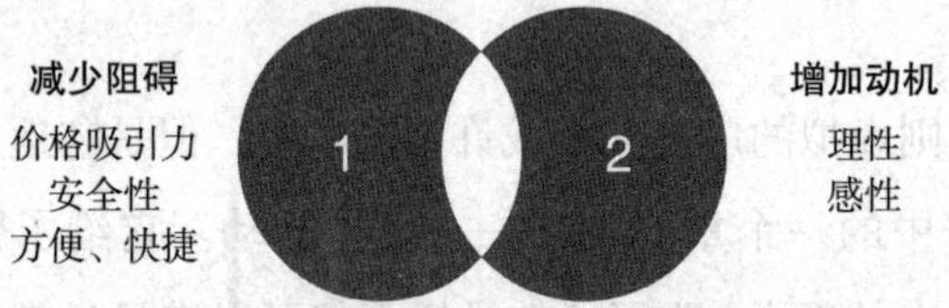


图 6-1　引导行动的两大措施

减少阻碍

一般来说，阻碍人们购买某个产品的因素主要包括价格因素、安全因素和效率因素。我们应该从这三个因素入手，提高价格对受众的吸引力，打消受众对产品安全性的疑虑，让受众快速、方便地购买产品。

**1. 提高价格对受众的吸引力**

对于普通受众来说，物超所值的产品是最有吸引力的。如果文案能凸显出产品的物超所值和价格优势，那么，就能有效减少受众消费过程中的阻碍力量。我们可以在文案中帮受众算“两笔账”，“第一笔账”是将产品价格平摊到每一天，让受众感觉到产品的便宜和划算。比如，某高档面霜的推广文案结尾是这样的：

买一罐××面霜，每天只需五毛钱，就能为肌肤做一次深层保养。三个月后，你的肌肤将焕然一新。

价格几千元的面霜对于不少受众来说并不便宜，她们在进行消费决策时，一定会犹豫不决，再三权衡。可是，文案创作者帮受众算了“一笔账”：一瓶面霜可以使用三个月，如果将价格平均分摊到每一天，那么受众每天只需要花五毛钱就能享受高档美容产品。这种文案写作技巧能有效地降低受众对价格的顾虑，以及因高昂的价格而产生的心理压力。

“第二笔账”算的是产品的附加价值，即告诉受众产品能为他们带来哪些额外的价值。比如，某线上课程的文案结尾是：

99 元能买什么？4 杯奶茶？2 张电影票？一份肯德基全家桶？或者，你可以用 99 元买一套让自己受益终身的高效学习方法，让自己学会更有效地利用时间，提高工作和学习效率，获得升职、加薪的筹码。

99元可以买到奶茶、电影票、炸鸡等快消品，也能买到让自己受益终身的知识。这则文案不仅“算”了产品的附加价值，还通过对比，赋予了产品“超值”的特性。看到这则文案，受众们可能会想：“少喝几杯奶茶，就能买一套让我终身受益的课程，挺划算！”

**2. 打消受众对产品安全性的疑虑**

一款产品想要赢得消费者的信任，就必须在质量和安全方面作出有力的承诺。我们在撰写文案结尾时，也可以给受众一颗“定心丸”，打消他们对产品安全性的疑虑。给受众“喂定心丸”的方式包括：罗列数据、权威背书、作出承诺等。比如，某二手交易App的推广文案结尾就采用了罗列数据的方式来打消受众的疑虑。

上线3年以来，我们积累了超过300万活跃用户，累计促成了4109872笔线上交易，成功处理32451起纠纷，为15093多名用户赔付退换保险，开展了12次全平台打假行动，成功保障了买家和卖家的各项权益。

这则文案在结尾处罗列了一系列数据，用数据直接说明了这款App的安全性和可靠性。

**3. 让受众方便、快捷地购买产品**

帮助受众提升决策效率，让他们更方便、快捷地购买产品，也可以有效减少消费的阻碍。有的受众在选择产品时，容易举棋不定，甚至产生“选择恐惧症”，我们可以通过设置优惠、直接给出解决方案等方式帮助受众做出决策。比如，某线上店铺就在一款平板电脑销售文案的结尾，为受众提供了贴心的购买方案：

如果你是“学生党”和“考研党”，可选择“平板电脑＋原装手写笔”套餐，上网课、记笔记，轻松搞定；如果你是“上班族”或“追剧党”，可以选择“平板电脑＋磁力键盘”套餐，满足娱乐、轻办公需求。

不知道该如何选择平板电脑配件的受众，在看到这则文案后，一定能轻松选购自己需要的产品。如果我们能在文案结尾帮助受众做出选择，或者为他们提供解决方案，他们就会更快速、果断地做出购物决策。

为受众扫清“障碍”后，我们还要适时地在受众身后“推一把”，让他们更快地行动起来。所谓的“推一把”就是加强受众的购买动机，简单来说，就是给受众购买产品的理由。

### 加强动机

人的任何行为背后都有相应的动机，消费行为也不例外。在消费行为中，动机主要由需求和情绪构成，需求是理性层面的，情绪则是感性层面的。因此，我们要从理性和感性两个方面说服受众，引导他们消费。

**1. 理性：立足产品，阐明利弊**

首先，我们要以理性需求为立足点，给受众一个“不得不购买产品的理由”。换句话说，我们要让受众知道产品的客观优势，产品能提供的客观利益，以及产品能解决的客观问题。我们可以从以下三个方面入手，为受众阐明利弊。

（1）立足产品，突出客观优势

我们可以在文案的结尾再次突出产品的优势，加深受众对产品的印象。比如，小米手机的广告文案“小米6，拍人更美”就很好地突出了产品的客观优势。我们在文案中介绍产品独特优势时，一定要立足产品本身，体现出产品的客观优势，千万不要胡编乱造，更不要进行虚假宣传。

（2）阐明产品为受众带来的利益

很多时候，受众会认为产品虽然好，但和自己没有关系。此时，文案创作者要阐明产品为受众带来的利益，让产品和受众之间产生联系。比如，五菱宏光 MINI 电动车主要面向女性市场，其广告文案中少了枯燥的专业参数，多了女性受众们在意的舒适度、安全性、适用性、颜值和空间。其中一段文案是这样的：

更坚固的车身，高强度钢比例达到57%；标配主驾安全气囊、后排座椅配备2个 ISOFIX 儿童安全座椅接口。

文案中出现的安全气囊、儿童座椅、车身坚固度等都是女性车主们普遍关注的要点，这些要点与她们的需求和日常生活息息相关。这则文案直截了当地告诉女性受众们：“购买五菱宏光 MINI，可以获得安全、舒适的驾驶体验，车内空间足够安放儿童座椅，可以带着孩子出行。”

（3）为受众找到正当的消费理由

在一部分受众眼中，有的产品单价较高，实用性并不强，甚至可有可无。那么，我们在撰写这类产品的文案时，应该如何通过理性分析，加强受众的消费动机呢？答案是：为受众找到正当的消费理由。

以洗碗机为例，在很多人眼中，洗碗机是一款价格不菲的鸡肋产品。因为，在日常生活中，人们不需要洗碗机也能洗干净碗盘和厨具。而且，还有一部分人对洗碗机的安全性抱有怀疑，他们认为洗碗机洗得不够干净。面对这样一群受众，文案创作者要做的就是为他们找到正当的消费理由。比如，一位聪明的洗碗机商家就打出了“健康牌”：

采用高温冲洗，可有效减少碗盘、厨具中的细菌附着；恒温精洗蔬果，可有效去除农药残留，减少营养流失。为了家人健康，请选择 ×× 洗碗机。

这则文案从健康角度出发，给了受众一个正当的消费理由。有了这个理由，受众的消费动机会得到进一步强化。

值得注意的是，我们在凸显产品优势，分析产品带来的利益，阐明正当消费理由时，都应当立足于产品，进行客观、理性的分析。只有这样，才能真正地说服受众下单购买产品。

**2. 感性：引发情绪，调动感官**

“冲动消费”是一种常见的现象，它充分说明人们在做出消费决策时，很容易被感性支配。为了进一步强化消费动机，引发消费冲动，我们要在感性层面下功夫，即引发受众情绪，调动受众感官。

（1）引发情绪

一般来说，我们可以通过引发兴奋、焦虑、恐惧等情绪强化受众的消费动机。看过直播的人都知道，主播们在进行直播带货时，通常都会先“炒热”直播间内的气氛，他们的目的是煽动受众情绪，使其产生消费冲动。

如果我们想通过文案引导受众消费，加强受众的消费动机，同样需要煽动受众的情绪。比如，某线上营销训练营的文案结尾是：

训练营只开两期，第一期训练营名额已满，第二期名额只剩 20 个，预报从速。

文案中制造的紧张感，会让一部分受众产生紧张、焦虑和恐惧等情绪，他们会担心：“如果我没有及时报名，可能会错过训练营课程。”在紧张感、焦虑感和恐惧感的驱使下，受众会尽快掏钱为自己报名。

（2）调动感官

听觉、嗅觉、视觉、触觉等感官体验是人们对事物的直接感受，更容易触及人们的内心。调动受众的感官体验，能够使他们产生身临其境，感同身受的感觉，并起到强化消费动机的作用。

当我们借由文字调动受众的感官体验时，他们的脑海中会出现相应的气味、声音和画面，这样一来，他们会更深入地体会到产品的特性，以及产品带给他们的感受，进而产生消费冲动。比如，小米行李箱的一篇推广文案中，作者写道：

喷喷，拉杆把手的手感也很细腻舒服，仿佛拉着恋人的手。

这段文案，让人有了身临其境之感，进一步说明了行李箱的适用性和舒适性。

在文案的开头和主体部分，我们已经介绍了产品的优势和特点，但受众难免犹豫不决，为了让他们下定决心购买产品，我们要在文案的结尾通过减少阻碍和加强动机来打消受众的疑虑，引导受众行动。有时候，犹豫不决的受众们恰好需要“临门一脚”，文案创作者应该抓住机会，帮助受众快速、果断地做出消费决策。

## 第二节 制造场景结尾：带动受众情绪，促进购买产生

米兰·昆德拉说："无意义是生活的常态，但我们要试着挖掘它，并且努力爱上它。"我们每天的生活场景看起来平常而琐碎，并没有什么深刻的意义。如果我们试着"挖掘"它们，将事件、情绪、记忆融入场景中，那么场景就会变得生动，有感染力，能唤起我们的情感。

同样的，当产品价值在场景中得以体现时，场景便会与产品深度结合，我们对于产品的记忆也会在日常生活场景中被反复唤起。

最经典的场景式文案莫过于"怕上火，喝王老吉"和"孝敬父母买脑白金"。前者将吃火锅等容易"上火"的生活场景与王老吉产品结合起来，后者将脑白金产品与"孝敬父母"场景绑定，让受众在特定场景中第一时间联想到产品。

如果我们能在文案结尾制造场景，并进一步强化产品的功能和优势，就能加强受众对产品的记忆，唤起受众的消费冲动，促使他们关注产品、购买产品。

比如，心想智能胶囊咖啡机的产品文案结尾是：

早上的美式咖啡，下午的拿铁咖啡，甄选多种胶囊咖啡口味，每天不重样。

这段文案结尾中呈现了十分具体的场景，受众每天早上和下午想喝咖啡时，就会想起这款咖啡机，并产生购买

咖啡机，用咖啡机制作咖啡的冲动。这则文案结尾没有使用修辞，也没有抒发情怀，仅用简单的场景描述，就将产品价值植入了受众的日常生活中。心想智能胶囊咖啡机文案结尾，如图 6–2 所示。

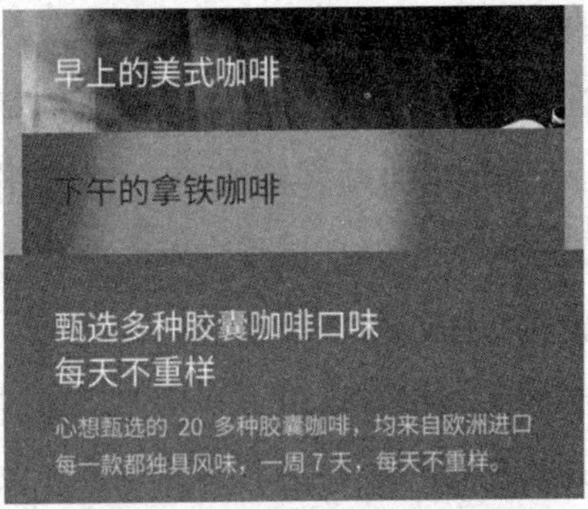


**图 6–2　心想智能胶囊咖啡机文案结尾（图片来源：心想咖啡机淘宝旗舰店）**

那么，我们应该如何在文案结尾设置合适的场景，用场景唤起受众的消费冲动呢？我们可以从以下三个方面入手。文案结尾设置场景的三个方法如图 6–3 所示。

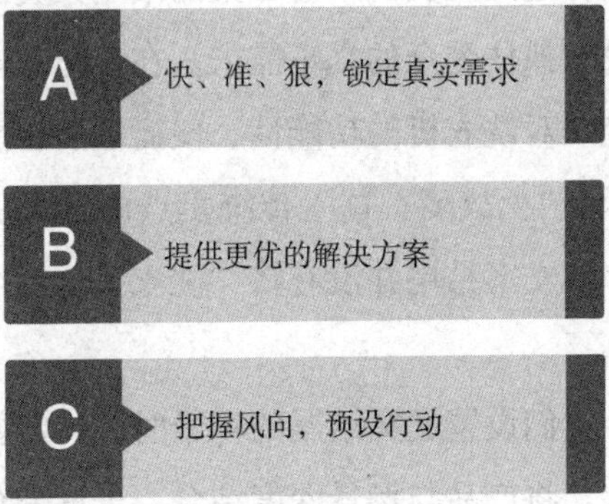


**图 6–3　文案结尾设置场景的三个方法**

## 快、准、狠，锁定真实需求

受众阅读文案时往往一目十行，很容易忽略一些重要信息。因此，我们要在文案的结设置一个能“快、准、狠”地锁定受众真实需求点的场景，给受众“会心一击”。

7·11 创始人铃木敏文说：“商家真正的竞争对手不是同行，而是瞬息万变的顾客需求。”文案创作同样如此，如果一位文案创作者不能把握受众不断变化的需求，那么他创作的场景式结尾就很难打动受众。

有的文案创作者很容易犯一个错误，那就是将产品的卖点当作受众的需求。要知道，产品卖点并不等于受众的真实需求。比如，某文案创作者为一款洗衣机撰写了一则文案，结尾是：“可无障碍运行 3 万次，让你轻松洗衣。”假如我们每天使用 1 次洗衣机，那么我们要连续使用这款洗衣机 82 年，才能让其运行 3 万次。试问有几个人能一生只用 1 台洗衣机呢？

很显然，这则洗衣机广告文案的结尾只突出了产品的卖点，并没有抓住受众的真正需求。在智能家电日益普及的今天，受众对洗衣机的功能性、便捷性、智能化提出了更高的要求，“无故障”这一传统卖点已经无法吸引受众了。而且，该文案结尾并没有将“洗衣”这一场景与产品结合。

因此，我们设置文案结尾的场景时，一定要把握受众的真实需求，将产品与场景深度结合。告诉受众，他们在什么场景中会使用产品，可以通过产品满足哪些需求。比如，RIO鸡尾酒的系列广告短片《空巢独饮万岁》的文案结尾是：

一人微醺的快乐，是一人以上无法体会的。

这句文案还出现在了“RIO微醺”系列海报上，因为它是广告文案的点睛之笔，它不仅凸显了RIO鸡尾酒倡导的“微醺”，还设置了“一人微醺”的场景。“RIO微醺”海报如图6–4所示。

当代人的生活总是充满各种压力，人们渴望能够从繁忙的工作和社交中暂时逃离，静静享受一段悠闲的时光，在这段时光里，人们不需要迁就其他人，只需要一个人独处。RIO鸡尾酒的文案准确地抓住了人们的这种心理需求，用“一人微醺”的场景触发了受众的情绪点，让受众产生了深深的共鸣，并将产品与一人独饮的场景紧密结合。

图6–4 “RIO微醺”海报（图片来源：网络）

提供更优的解决方案

在商品经济十分发达的今天，任何一款产

品都要面对来自竞品的挑战。只有形成差异化竞争力，做到“人有我有，人有我优”，才能抢占消费者的心智。作为文案创作者，我们要在文案中体现产品的差异化优势。

因此，我们在文案结尾设置场景时，要进一步强调产品的独特优势，为受众提供更优的解决方案。当我们的解决方案优于同类产品，甚至超出受众的预期时，受众便会对产品产生更深刻的印象，进而产生消费冲动。

比如，瑞幸花漾特调即溶咖啡的文案是：

定制你的每日精品咖啡

3s 即溶，冷热随享，

温水、热水中亦彰显出不同层次风味，或者冲泡之后，

加入牛奶、气泡水或者果汁，解锁隐藏惊喜，

千般风味随你喜欢。

文案中不仅强调了这款即溶咖啡的便捷性，还为受众提供了制作咖啡的多种方法。当受众快速制作一杯咖啡时，普通即溶咖啡可以满足他们的基本需求。而文案中提到的这款即溶咖啡则为他们提供了更优解决方案，他们不仅可以快速制作咖啡，还可以“加入牛奶、气泡水或者果汁”让咖啡拥有不同的风味。

我们不妨想象一个场景：每天下午，你都会拿出即溶咖啡，花 1~2 分钟为自己泡一杯咖啡。不仅如此，你还可以轻松制作不同风味的美式咖啡、拿铁咖啡或气泡咖啡，想喝哪一种就做哪一种。

那些喜欢喝咖啡又怕麻烦的受众，一定会被这样的文案

打动，并产生消费冲动。因为文案结尾设置的场景为他们提供了更优解决方案，他们的生活质量会因产品而得到提升。

### 把握风向，预设行动

想要用文案结尾带动受众情绪，提高文案变现能力，我们还要把握流行风向，洞察受众的心理，预设受众的下一步行动，并根据预设的行动设置场景，让受众提前感受到产品的价值。

比如，在夏季到来之前，某服装品牌预设受众即将购买夏季服装，于是在夏季系列产品文案中设置了“比朋友先穿上新裙子，被大家羡慕”的场景，以起到刺激受众，激起消费冲动的作用。

为了更准确地预设受众的行动，我们要深入了解目标受众的习惯和偏好，并设想他们可能会使用场景的时间、地点，然后细致地将场景呈现出来。只有这样，才能让文案达到理想的营销效果。

慢严舒柠的经典广告文案就预设了受众的行动，并设置了场景。每个人都有可能患上咽炎，人们患上咽炎后，会采取什么行动呢？慢严舒柠的文案给出了答案：

早上刷牙恶心干呕，
咳不出来，又咽不下去，
快使用慢严舒柠牌！

这则文案通过预设行动，将受众的日常生活场景与产品紧密结合，当用户患上咽炎或咽喉不适时，便会第一时间想到该产品。

老人鞋品牌足力健也有类似的文案：

鞋子选的对，接送孙子脚不累。

这则文案预测了开学季老人接送孙子的场景，不仅立足于老人的实际生活，而且充分考虑了老人们的真实需求。看到这则文案后，老人在接送孙子时会自然而然地联想到足力健产品，老人的子女们也会产生为父母买鞋的想法。足力健文案，如图 6–5 所示。

图 6–5　足力健文案

生动的场景能将调动受众的感官、想象，让受众充分感受到产品的价值，文案结尾的场景更是可以起到强化和点睛的作用。在撰写文案结尾时，我们不妨放弃无意义的抒情文案和生硬的产品介绍，试着从日常生活场景入手，打动受众，并将产品根植于他们的心中。

## 第三节 话题讨论结尾：激发互动，增加热度

“流量 = 金钱”，虽然我们不知道是谁首先提出了这个理念，但我们已经通过一个个成功的商业模式验证了它的正确性。在互联网时代，只有获得流量，才有可能实现商业变现。对于文案创作者来说，流量同样意味着转化和变现。

为了获得更多流量，文案创作者们在选题、内容上下足了功夫，他们紧跟时事热点，不断挖掘创意，努力让文案变得更加“吸金”。事实上，除了在创意、内容上下功夫，我们还可以在文案的结尾“做文章”引发受众的讨论、互动和思考。

一般来说，话题互动结尾包括四种类型，分别是抛出话题、提出问题、关联受众、制造转折。通过这些结尾，文案不仅可以获得更多受众的关注，还可以有效延长用户的注意力，达到留住受众、转化受众的目的。在文案结尾引发互动的四大策略如图 6–6 所示。

图 6–6 在文案结尾引发互动的四个策略

### 抛出话题

在文案结尾抛出一个话题，可以引发受众的讨论和思考，还可以吸引受众在文案下方留言，很多社交媒体平台文案，都会采用这种方法。

比如，《博物》杂志在自己的公众号上发布了一篇名为《白米饭吃够了，加点料还有 10086 种吃法》，文章介绍了各种富有特色的“加料饭”，以及国外烹饪米饭的方法。文章的结尾是：“看了这么多，你想吃哪种饭？不过你想了也没用，中午只能吃食堂、点外卖，估计还是白米饭。”这个结尾引出了一个关于“吃饭”的话题，引得许多“上班族”纷纷评论区留言，他们有的抱怨外卖不健康，有的感叹没时间做饭，还有的分享了自己最爱吃的米饭。

从这个例子中我们不难看出，在文案结尾不经意地抛出话题，可以有效激发受众的表达欲，引导他们在评论区积极互动，分享自己的看法。当用户借由文案结尾的话题表达自己的观点，分享自己的故事时，他们会对文案有更深刻的印象。

### 提出问题

在文案结尾提出问题，也可以起到引发互动的作用。我们在设置问题时，应避免封闭式问题，即能回答“是”或“否”的问题。最适合放在文案结尾的问题是没有标准答案的开放式问题。除此以外，我们还可以用反问来引发受众的思考，或用投票或二选一的形式，引导受众选出自己的答案。

饮品品牌茶百道在其公众号发布了一篇文案《"香草牛奶冰淇淋系列"全国上新！隐藏吃法大揭秘！》，该文案对新产品进行了推广宣传，并在结尾抛出了问题："关于这位新星，你还有什么珍藏的神仙吃法？"这个问题引发了受众们的强烈反响，他们纷纷在公众号文章下留言、点赞。

这篇文案的内容并不新颖，只是常规的产品分享、推荐，如果没有结尾的问题，它的评论量、点赞量和阅读量可能会大幅减少。值得一提的是，这篇文案的结尾不仅抛出了问题，还通过抽奖引导受众留言："留言告诉茶茶，揪 10 位茶粉请你吃 TA！"这样一来，受众的互动积极性就进一步提高了。茶百道公众号文案的结尾和评论，如图 6–7 所示。

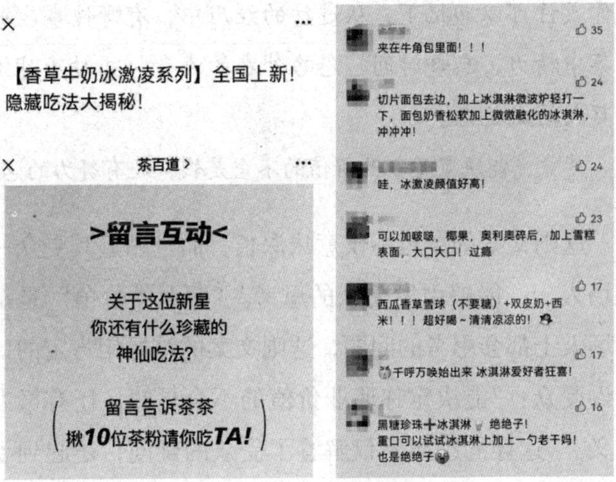


图 6–7 茶百道公众号文案的结尾和评论

通过文案结尾的提问，我们可以获得与受众深度沟通的机会，也可以进一步了解受众的需求。最重要的是，问答可以有效提升用户的活跃度。

关联受众

领英（LinkedIn）曾发布过一篇名为《为“钱”工作不可耻，但是可疑》的文案，全文如下：

职场亦是如此。一个良好的公司管理机制，往往都会把人才分门别类，即把真正的人才分为管理岗与技术岗，为的就是“用对人、做对事”。

所以，当你的工作失去了意义时，不如冷静地问自己：目前的工作，到底是否符合你的“基因”。如果不是，我想你或许可以回忆下，从过往的经历中，有哪件事能够让你集中精力、忘却时间、忽略外在的声音，并时不时体会到莫大的成就感。

毕竟，能决定你职业价值的不全是钱，还有努力的意义。

这则文案的结尾不仅意味深长，而且贴近其受众——职场人士，能够引发受众的思考。“职业的价值”是每个职场人士都会思考的问题，这则文案的结尾用肯定的口吻告诉受众：“能决定你职业价值的不全是钱，还有努力的意义。”这样的结尾不仅解答了受众的疑问，还起到了缓解焦虑，鼓舞人心的作用。我们有理由相信，很多领英的受众都会被这则文案的结尾所打动。

文案的结尾要关联受众的职业、生活环境、教育背景，让他们由文案的结尾联想到自己，并引发他们的思考。我们可以站在受众的立场上，为他们提供中肯的建议，或者为他们送上暖心的“心灵鸡汤”。总之，我们要在文案结尾积极地与受众共情，满足他们的情感需求。

## 制造转折

英国文豪查尔斯·狄更斯在《双城记》的开头写道：

这是一个最好的时代，这是一个最坏的时代；
这是一个智慧的年代，这是一个愚蠢的年代；
这是一个信任的时期，这是一个怀疑的时期；
这是一个光明的季节，这是一个黑暗的季节；
这是希望之春，这是失望之冬；
人们面前应有尽有，人们面前一无所有；
人们正踏上天堂之路，人们正走向地狱之门。

这段话曾被人们不断揣摩，反复引用，并奉为经典。它们看似矛盾，却在情理之中，《双城记》故事中的时代，就是一个充满机遇、动荡、压迫和反抗的时代。狄更斯只用寥寥数语就渲染了全书的氛围，并勾勒出了时代背景。这几句话中，狄更斯在不断制造转折，他首先抛出观点“这是一个最好的时代”，接着提出否定观点：“也是一个最坏的时代”。在不断的转折中，受众很快被带入了他创造的氛围中。我们也可以将这种技巧运用到文案的结尾中，让文案结尾触动受众的心灵，并引发讨论和互动。

网易云的系列文案就运用了这一技巧，比如：

假如生活出卖了我，我希望是论斤卖。

如果每个人都能理解你，那你得普通成什么样子。

我听过一万首歌，看过一千部电影，读过一百本书，却从未俘获一个人的心。

这些文案中的转折看似荒唐，却合乎情理，而且触及了许多当代年轻人内心深处的痛点，能够引起强烈的共鸣。因此，网易云系列文案一经推出，便在各大社交媒体上引发了一波关注和讨论。

讲个笑话，你可别哭。

这文案可谓“神转折”，让人摸不着头脑，听到笑话的人怎么会哭呢？原来，这是电影《驴得水》的海报文案。这部电影是一部“黑色喜剧”，在一场荒诞不经的闹剧中，电影的主人公们走向了毁灭。可以说，这部电影是一个“披着喜剧外皮的悲剧”，文案不仅完美地贴合电影的立意，也引发了受众的好奇和思考，没看过电影的受众会带着好奇心走进电影院，而看过电影的观众则会被文案触动，并积极分享自己的感受。电影《驴得水》海报文案如图 6–8 所示。

利用文案结尾引发互动，可以有效提升文案的“热度”，延长受众的注意力。这样一来，受众就会对产品、对文案产生更深刻的印象，进而为产品买单。

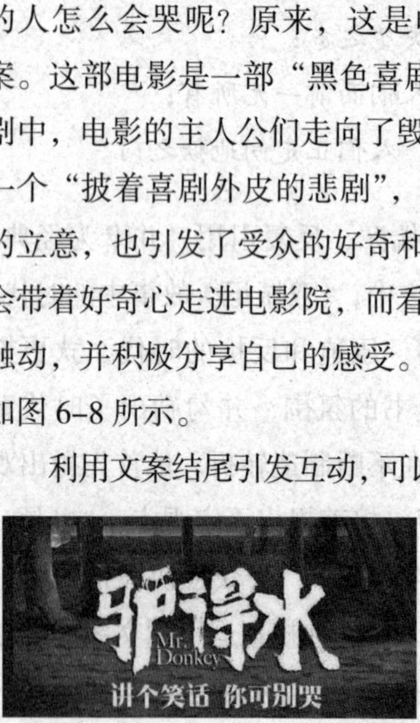


图 6–8　电影《驴得水》海报文案

## 第四节　金句结尾：引发共鸣，提升用户认同感

金句是文案中的点睛之笔，是吸引受众注意力的关键。在这个信息爆炸的时代，人们的注意力已经成为稀缺资源，如果文案太过平庸，是很难获吸引受众的注意力的。因此，我们要用金句结尾为文案增色，让文案更容易被受众记忆和传播。

普通的文案像白开水，虽然能解渴，但寡淡无味。有金句的文案则像一杯茶，芬芳扑鼻，耐人寻味。文案中的金句不仅能让受众眼前一亮，还可以引发他们内心的情感，戳中他们的痛点，让他们产生“果然如此”“你真懂我”的感觉。

想要写出金句，文案创作者不仅要具备较强的洞察力，能够敏锐洞察受众的心理，还要有过硬的文字功底和文案写作技巧。为了将自己的创作意图准确地表达出来，写出金句结尾，文案创作这应该掌握以下三大金句写作技巧，如图 6–9 所示。

图 6–9　三大金句写作技巧

制造对比

对比也是一种使用金句的文案创作技巧，能够塑造反差，制造冲突，让文案产生张力，并起到突出重点的作用，很多经典文案都运用了这一写作技巧。比如，长城葡萄酒的那句经典文案：

三毫米的距离，一颗好葡萄要走十年。

这则文案创作于十多年前，如今看来，依然十分经典。它将“三毫米”和“十年”进行对比，体现了葡萄酒酿造工艺的复杂，说明了酿造一瓶好葡萄酒所需的成本。有时候，一个简单有力的对比，比事无巨细的描述更有说服力。长城葡萄酒经典文案，如图 6-10 所示。

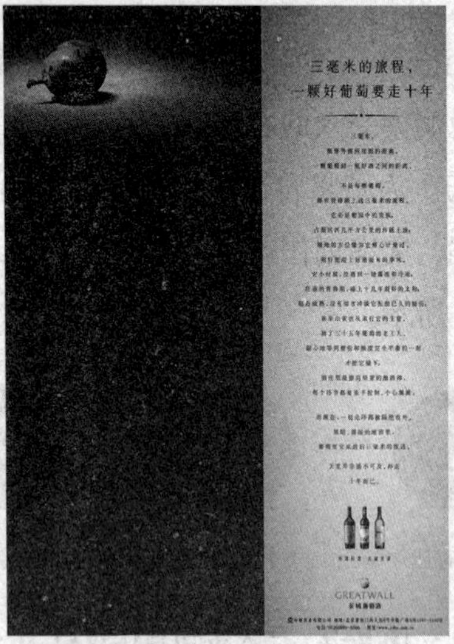


图 6-10　长城葡萄酒经典文案

20世纪80年代，中国香港著名广告人朱家鼎为铁达时手表撰写了经典文案：

不在乎天长地久，只在乎曾经拥有。

这则文案流传至今，并一度成为大众流行语。永恒和瞬间，是亘古不变的哲学思考，朱家鼎将“天长地久”和“曾经拥有”进行对比，点出了“时间”这一主题，并创造出了一种耐人寻味的意境。

你有一颗比十万八千里还远的心，却坐在不足一平方米的椅子上。

这是别克昂科拉汽车的文案，这则文案通过“十万八千里远”和“不足一平方米”的对比，唤起受众心中那份征服和开拓的野心，让受众产生驾驶越野车上路，去探索远方的冲动。这些经典文案都通过对比制造冲突，给受众带来深刻的印象和启示。

所谓对比，就是将完全相反的事物，或同一事物的两面对照，以强化文案表现力的写作手法。我们用结构相同的短语或句子，表达相反或对立的意思，使文案结尾既工整又充满表现力。

如果我们能在文案结尾运用对比的技巧，就能写出令人印象深刻，又耐人寻味的金句。

转变语义

所有优秀的文案创作者都是“文字游戏大师”，他们通过转变语义让相同的语句拥有不同的内涵，使文案变得充满趣味。不过，转变语义的难度较大，它要求文案写作者具有扎实的文字功底，不过，这种写作技巧往往能起到良好的效果。如果我们能掌握这一技巧，就能创作出极具趣味性，令受众印象深刻的文案结尾。

比如，台湾地区全联超市的广告文案是：

来全联不会让你变时尚，但省下来的钱能让你把自己变时尚。

这则文案的创作者将“变时尚”这一短语的语言进行了转变，使其中的两个“变时尚”有了不同的含义。文案中的第一个“变时尚”是指全联超市的商品不够时髦，无法让顾客变得时尚；第二个“变时尚”是指消费者可以用在全联超市省下的钱打扮自己，让自己变得更加时尚。通过改变语义，文案的受众不仅能很快领会文案的意思，也能品味出其中的幽默和自嘲。

大众点评网的系列文案也运用了转变语义的方法，其中还有几则成了广为流传的金句，比如：

吃都吃得没滋味，怎能活得有滋有味。

年轻人需要指点，但不需要指指点点。

上面的第一则文案将美食的“滋味”转变为生活的“滋味”；第二则文案将“指点迷津”的“指点”转变为对他人的干涉和“指点”。这两则文案不仅对词语的语义进行了转换，还对词汇本身进行了拆解。

在撰写文案结尾时，我们要学会玩“文字游戏”，通过转变语义、拆解词汇让结尾金句更加精彩。

颠覆常识

在文案结尾写出出人意料且颠覆常识的金句，可以牢牢抓住受众的注意力。很多文案创作者都会采用颠覆常识的方法，来为文案增色。比如，豆瓣的文案：

最懂你的人，不一定认识你。

这则文案颠覆了人们的一个常识：“熟悉我，认识我的人，才最懂我。”通过颠覆常识，它传递了豆瓣的产品特点，如陌生人社交、小众、文艺、社区等，也告诉人们：在豆瓣上可以找到与自己精神世界更加契合的“友邻”。

有一些品牌文案不仅颠覆常识，还喜欢“不走寻常路”。比如，在各大品牌都在宣扬正能量时，日本咖啡品牌 UCC 却反其道而行之，号召大家“每天来点负能量”，并推出了“大人的腹黑语录”系列文案，比如：

现在要找到一个本人比照片好看的人，真的好难。

每当你下决心要存钱时，身边就会有人要你对自己好一点。

这世界上的愚蠢的人不一定是真的脑袋不好，但一定是自以为聪明的人。

这些带有“负能量”的文案也是一种颠覆，它们不是充满温情和鼓励的“心灵鸡汤”，也不是振奋人心的正能量口号，而是现代都市人心中不得不吐的“苦水”。这样的“吐苦水”式文案，恰恰能够引起受众们的强烈共鸣，而且能够引发人们的自嘲。对于生活节奏快、工作压力大的现代都市人来说，在幽默的自嘲中与自己、与世界和解，也是另一种形式的“正能量”。

有人认为，金句是文案写作的“金钥匙”，一篇文案中只要有一两句金句，这篇文案就成功了，因此，一些文案创作者为写出金句，拼命“抖机灵”“抖包袱”，将与产品和文案内容毫不相关的句子生硬地“缝合”到文案中。事实上，这种做法完全背离了文案创作的最终目的，在一篇文案中，金句只能起到锦上添花的作用，文案应该始终立足于产品和受众。

人们常用“凤头”“猪肚”“豹尾”来形容一篇优秀文章的开头、主体部分和结尾，一篇文章的结尾应该如同“豹尾”一样简洁、精彩、有力。这套评价标准同样适用于文案写作，一篇优秀的文案结尾也应该像“豹尾”，能给受众留下深刻的印象，以及想象的空间。

# 第七章

# 营造氛围：让文案疯传

没有传播属性的文案不是好文案。不能广泛传播的文案无法达到营销目的，属于无效的文案。为了让文案像“病毒”一样疯传，我们要学会紧跟热点，并通过红人背书获得更多流量，还要进一步提高文案质量，让文案有态度，有情绪，有传播属性。

## 第一节 紧跟热点，引爆全网传播

每一位文案创作者的心中都有一个特殊的时间表，上面标注着1年中的每一个营销热点，包括节庆日、纪念日、突发事件的日期以及“双11”“双12”“618”等购物节。这些热点是我们吸引流量，提升文案传播力度的大好时机。

在这个信息爆炸的时代，比起绞尽脑汁地制造热点，不如紧跟热点，借助热点的“东风”，让文案获得更多流量。热点往往自带流量，只要我们找准与产品、品牌和受众契合的热点，并巧妙地进行广告植入，就能让产品和品牌获得更高的曝光度。

一则新闻、一张图片、一句话、一个场景、一个问题都有可能成为热点，作为一名文案创作者，我们必须具备敏锐的触角，及时发现热点，并巧妙地向热点借势。

### 热点，让文案更值钱

20世纪80年代，美国女权运动如火如荼，关于女性权益的讨论成为当时的社会热点，人们发出了“尊重女性”“男女平等”的呼声。美国营销文案专家约瑟夫·舒格曼敏锐地注意到了这一社会热点，并借助这一热点成功地让一家雪橇公司起死回生。

当时，这家雪橇公司的销量惨淡，产品几乎卖不出去，滑雪场内只有零星几个人愿意使用这家公司的雪橇。为了帮助这家公司打开局面，约瑟夫·舒格曼让这家公司在《华尔街日报》上刊登了一则新闻，声称该公司的雪橇不卖给女性，并给出了合理的解释。

一石激起千层浪，在那个女权运动红红火火的时代，这则新闻引发了巨大的争议，同时也点燃了舆论。很多女性也通过这则新闻知道了这家雪橇公司。在舆论发酵一段时间后，约瑟夫·舒格曼又让该公司在《华尔街日报》上刊登了一则声明，表明自己尊重女性，支持男女平等。接着，该公司借势宣传了自己的产品，并发布令人提倡男女平等的广告文案。

不久之后，这家公司的雪橇迅速打开了知名度，并取得了很好的销量。

这个案例告诉我们，只要找到合适的切入点，就能借助热点，成功提升产品和品牌的曝光度。一般来说，突发性热点的持续时间为一周左右，最佳借势时间通常为热点事件发生后的前 3 天。不过有些热点持续的时间比较长，比如一些热播影视剧，我们在这类热点持续发酵期间都可以积极寻找合适的切入点。

想要在短时间内找到切入点，我们必须熟悉产品，并深入了解热点事件。我们可以将产品、品牌的关键词和热点事件的关键词罗列出来，并找到二者之间的关联。如果两者之间没有明显的关联，我们可以通过分析关键词，进行合理的衔接、加工。上文案例中的约瑟夫·舒格曼将“女性”“男女平等”“独立”和“滑雪”“运动”“挑战”等关键词结合，成功找到切入点，并取得了不错的营销效果。

热点能让我们的文案更值钱，只要我们能抓住适当的时机和切入点，就能成功地从热点借势，让文案“大爆”。当然，我们在“追”热点时千万不能盲目，而是要有选择，有针对地选择适合的热点，还要把握好“度”。

## “追”热点，要把握好度

文案创作者们在“追”热点时，要注意以下五大事项，避免“追”错热点，导致营销效果大打折扣，甚至使品牌形象受损。“追”热点的注意事项如图 7–1 所示。

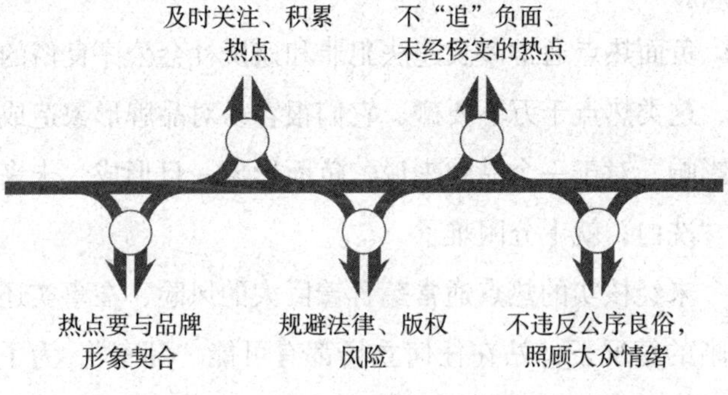


**图 7–1 “追”热点的注意事项**

### 1. 及时关注、积累热点

热点是受到大众关注的，那么我们在寻找热点时，应该选择那些大众经常使用的平台，比如微博、抖音、快手、B 站、小红书、知乎、豆瓣、今日头条等。这些自媒体平台上都有热搜榜和热点话题推荐。

不过，我们在关注各类热搜榜单时，应该甄别热点的真假，有些热点属于“伪”热点，大众对其的关注度并不高。

我们还可以通过百度指数、Google 快讯、百度关键词订阅、微信指数等数据采集平台获得热点信息。当我们找到合适的热点以后，不要提笔就写，还要研究一下与热点相关的其他关键词，并将热度较高的几个关键词运用到文案中，这样做的目的是提升用户搜索到文案的概率。

**2. 不“追”负面、未经核实的热点**

在这个信息爆炸的时代，每天都有新鲜出炉的热点，不过，并不是每个热点都适合去“追”的。我们应该与两类热点保持距离，第一类是负面热点，第二类是未经核实的热点。

负面热点通常涉及违法犯罪和违反社会公序良俗的现象，这类热点千万不要碰。它们很容易对品牌形象造成负面影响。对于一个品牌来说，负面形象一旦形成，未来再想“洗白”就十分困难了。

未经核实的热点通常蕴含着巨大的风险，在事实还不清晰的情况下，站在任何立场都有可能“翻车”。为了维护品牌形象，我们在选择热点时一定要谨慎，要选择那些事实清晰的，已经得到权威人士或机构证实的热点。当一个热点爆发时，很多事实都并不明了，我们要学会观望和等待。

**3. 热点要与品牌形象契合**

我们在“追”热点时，不应强行借势，要选择与品牌形象契合，与品牌关联度高的热点。否则，就会给人留下“强蹭热点”的印象，这对品牌形象是非常不利的。只有当品牌形象好和热点契合时，才能产生“1+1>2”的效果。

某文具品牌抓住了高考这一热点，在考前几天推送了一则文案，提醒考生准备好文具，罗列了考前注意事项，并为广大考生送上祝福。该文具品牌与高考热点之间有很强的关联性，能有效地从热点中借势。

**4. 规避法律、版权风险**

我们在借助热点时，要规避法律风险和版权风险，千万不要在文案中出现侵权、抄袭内容，以及违反相关法律法规的内容。曾有一家企业因为在广告软文中使用了某位明星的表情包被告上法庭，因为明星认为该企业不仅侵犯了自己的肖像权，还丑化了自己的形象。

作为一名文案创作者，我们要提高风险意识和法律意识，认真学习《中华人民共和国广告法》，及时关注相关政策，避免触碰“红线”。

**5. 不违反公序良俗，照顾大众情绪**

我们在根据热点撰写文案时，要充分考虑社会公序良俗，照顾大众情绪，尽量站在公正客观的立场上解读热点。千万不要为了哗众取宠而故意制造争议、鼓吹偏见，这种行为会严重地损害品牌形象。

有的文案创作者为了吸引更多流量，会故意挑起对立，激化受众情绪，以达到引发争论。扩大传播的目的。殊不知，这种做法就是饮鸩止渴，会消耗品牌来之不易的口碑。

找到适合的热点后，我们应该如何将热点与产品或品牌结合？又应该如何利用热点提高文案的传播力呢？下面，让我们来看看撰写“追”热点文案的方法。

## 撰写“追”热点文案的方法

我们一定要记住，“追”热点的目的是提升营销效果，促进销售，提高转化率，而不是在“凑热闹”或“刷数据”。“10万+”不是目的，而是途径。因此，我们在“追”热点时，要立足于产品。我们要了解产品的所有卖点，以及受众的需求。

在了解产品和受众的前提下，我们还要做到以下两点，才能写好“追”热点文案。

### 1. 选择差异化角度

针对同一个热点，同一种产品，不同的文案创作者可以写出质量千差万别的文案。比如，针对“中秋节”这一节庆热点，各个月饼品牌从不同角度撰写了推广文案，大多数月饼商家都从“阖家团圆”“月是故乡明”的角度撰写文案，突出了家人团聚，共同赏月、吃月饼的氛围。

有一家月饼品牌却独辟蹊径，以“天涯共此时”和“异乡人”为切入点，为远在异乡打拼的人们送上祝福。该品牌还在文案结尾发起了抽奖活动，邀请受众拍摄、发布月亮的照片并带上相关话题。该文案选择了十分独特的角度，并用抽奖活动引导用户互动，最终取得了不错的营销效果。

选择差异化的角度，能够有效避免文案的同质化，并加深受众对产品和品牌的印象，进而提升转化率和产品销量。如果我们想要找到差异化角度，就要找到产品的独特卖点，还要全面分析热点，从不同的角度挖掘热点。要做到这一点，我们必须具备扎实的基本功和活跃的思维。

**2. 加强互动，借势营销**

我们撰写“追”热点文案的最终目的，不是让文案被更多受众看到，而是提升转化率，提供产品销售额。因此，我们要加强互动，借势营销。话句话说，我们要通过互动引导用户关注和购买产品。

比如，某旅行 App 借势“放暑假”这一热点，发布了一则关于海岛旅行的微信公众号文案，文中罗列了世界上著名的海岛旅游胜地，并介绍了相应的食宿、交通、购物等情况。最重要的是，该文案结尾设置了小程序入口和二维码，受众可以直接跳转到小程序的预定行程，也可以通过扫描二维码向客服人员咨询。受众可以在该页面直接预定行程。该文案将宣传推广和销售转化紧密结合，借助热点强势互动并直接销售产品。

“追”热点的最高境界是让文案疯狂传播，同时引爆销量。如果热点既不能促进文案的传播，提升品牌的影响力，也不能提高产品的销量，那么，这个热点就是没有意义的。需要再三强调的是，并不是每个热点都值得“追”。

## 第二节　明星、关键人物，不怕营销没热度

广告会以不同的方式影响消费者的心理，促使他们产生消费动机，并使他们最终为产品买单。明星、关键人物（Key Opinion Leader，以下简称“KOL”）代言或背书是广告吸引消费者的最主要手段之一，明星、KOL可以间接或直接地影响消费者的消费心理和消费行为，这就是我们常说的“明星效应”。在“明星效应”的加持下，文案、产品都会获得更广泛的关注。

### “明星效应”为文案增添“热度”

为了使“明星效应”的作用最大化，不少企业会请当“红”的明星、KOL来代言产品或为产品背书，利用他们的影响力将产品推向大众。这些明星、KOL和企业往往能达成共赢，红人们借助广告提升了自己的商业价值和曝光度，产品或品牌则有了更高的知名度和更好的销量。

比如，1999年，国产运动品牌安踏与乒乓球世界冠军孔令辉签约，孔令辉身上的冠军光环让安踏品牌的知名度得到提升。2000年的悉尼奥运会上，孔令辉获得了乒乓球男单世界冠军，安踏随之名声大噪。善于抓住时机的安踏趁着这股东风推出了那句脍炙人口的经典广告文案：

我选择，我喜欢。

伴随着这句文案的广泛传播，安踏的销售额也在2000年突破了三亿元，比三年前翻了六番。很快，特步、德尔惠、361°等运动品牌都开始请体育明星代言。很多非运动品牌也看重了体育明星的商业价值和良好形象，

2021年，中国运动员苏炳添在东京奥运会男子100米半决赛中以9.83秒刷新亚洲纪录，成为"亚洲飞人"。随后，他与小米品牌签约，成为小米品牌的第一位代言人。小米发布的代言人海报上的文案是：

追梦的人，总会跑着相遇。

这则文案不仅符合苏炳添的个人形象，也符合小米的品牌精神，形成了"1+1>2"的正面效果。苏炳添代言小米品牌，如图8-2所示。

## "明星效应"背后的四个风险

利用明星、KOL等为品牌或产品背书，虽然能够获得比较理想的营销效果，但是，我们仍然要注意其中潜藏的四个风险。

### 1. 明星、KOL的形象与产品、品牌调性不符

图7-2 苏炳添代言小米品牌

第一，每个明星、KOL

都有自己的固定粉丝群体，这群粉丝与产品、品牌的目标受众不一定重合。第二，明星、KOL 的个人形象与品牌、产品的调性也不一定相符。因此，品牌在选择明星、KOL 代言或背书时一定慎重，要选择形象与产品、品牌调性相符的明星和 KOL。

此外，明星、KOL 的粉丝对于品牌、产品的态度也是我们需要考虑的重要因素。有些明星、KOL 虽然代言了某个产品或品牌，但粉丝并不买账，反而会对品牌形象造成不良影响。

**2. 过度依赖“明星效应”，忽视产品本身**

有时候，明星、KOL 的号召力和商业价值会让我们产生一种错觉，认为只要是他们代言或推荐的产品，粉丝都会买账。然而，事实并非如此。明星、KOL 的粉丝有很多种类，包括“铁粉”“散粉”“路人粉”等，这些粉丝对明星、KOL 的喜爱度、关注度和忠诚度不同。“散粉”和“路人粉”在做消费决策时，受到“明星效应”的影响较小，也更加理性。

我们在创作文案时，要用不同的攻心策略，挖掘所有粉丝群体的消费潜力。明星、KOL 的“散粉”和“路人粉”通常更注重产品本身，如果产品不符合他们的需求，即使代言人是他们喜欢的明星和 KOL，他们也不会掏钱买单，毕竟，愿意“为爱发电”的“铁粉”只是少数。我们要记住，文案写作的立足点始终是产品和受众。

**3.“明星效应”有风险，谨防红人“翻车”**

一位资深经纪人透露，一线明星产生的“明星效应”

不过5%，二、三、四线明星最多能让品牌弄个脸熟。可见，明星、KOL代言并不是品牌的“灵丹妙药”。此外，明星、KOL代言存在一定的“翻车”的风险，一旦代言人传出负面新闻，产品和品牌势必会受到影响。

因此，我们在选择明星、KOL代言时，要充分评估该明星、KOL的风险等级，以及品牌承受风险的能力。我们应该选择形象正面，“热度”持久，知名度高，能在代言期内将“明星效应”发挥到最大功效的明星和KOL。

**4. 产品的“热度”有了，但销售额上不去**

明星、KOL的确可以为品牌吸引到足够的流量，但却不一定能将流量转化为销售额。文案创作者应该警惕这一点，并在创作文案时，充分调动红人粉丝的积极性，尽量将它们转化为品牌粉丝。

邀请明星、KOL为产品代言、背书是一把双刃剑，可能让产品、品牌知名度提升，也可能给产品、品牌带来致命打击。因此，我们要慎选代言人，尽量选择口碑好，形象符合品牌调性，粉丝与品牌受众重合度高的明星、KOL，还要通过文案、活动，让“明星效应”的功效发挥到最大。

## 第三节 有态度，有情绪，才能引发传播

读书的人，店铺有梦可做。——Kindle

真正的对手，是你最想赢得那个。——安踏

今天，拼到很晚，明天的坎，才不会那么难。有劲，才有可能。——劲牌

生活最好的事，是自己没被生活改变。——滴滴出行

对于上面的几则文案，你一定不会陌生，因为它们都曾是“朋友圈”中的“常客”。这些文案有一个共同特点——有态度，有情绪。

鲜明的态度能唤起人们的价值认同，强烈的情绪能引发人们的情感共鸣。而认同感和情感共鸣是引发传播的关键因素，它们具有高度“传染性”，能充分激发人们的分享意愿。有时候，人们还会借助文案表达自己的情绪、态度和观点，文案甚至能够成为人们的身份标签。

比如，自从B站推出短视频《后浪》后，那句“奔涌吧，后浪！”就频频出现在很多年轻人的社交媒体上，他们将“后浪”作为自己的标签，同时以此自勉。

为了让文案有更强的传播力，文案创作者就要为文案注入“灵魂”，让其具备鲜明的态度，饱满的情绪。那么，我们应该如何赋予文案态度和情绪呢？

答案很简单：态度源于价值观，情绪来自人性。

态度源于价值观

对于一则广告文案而言，态度应该来源于品牌价值观。如今，几乎所有企业和品牌都在强调“品牌价值观”，它是指品牌经营过程中奉行的基本信念和目标，决定着品牌的发展方向，是品牌的DNA。我们可以从品牌价值观中提炼出品牌的秉性、态度。

文案创作者要做的，就是将源于品牌价值观的态度，用文字充分地表达出来。因此，文案创作者在文案中表达态度时，要从品牌价值观的角度出发，避免将个人价值观与品牌价值观混淆。

当受众看到态度鲜明的文案时，会首先联想到品牌的态度。如果文案的表达有失偏颇或模糊不清，则有可能影响品牌的形象。近年来，由于文案中包含歧视、偏见信息，导致品牌被大众抵制的新闻屡见不鲜。

为了避免这种情况的发生，我们首先要摒弃个人偏见，认真研究品牌价值观，挖掘品牌所代表的态度；其次，我们在遣词造句时，要仔细推敲，避免词不达意；最后，我们在创作文案时，应传递积极、正面的思想，展现健康、向上的内容。

比如，老人鞋品牌足力健的系列文案就展现了老年人健康向上的生活面貌，传递了“关注老人”“关爱老人”的态度。足力健文案表达的态度不仅能获得老年受众的认同，也能获得家有老人的年轻受众的认同。

足力健七夕文案是：

鞋合脚，人合意，成双成对，过七夕。

足力健的七夕文案传递的态度是：七夕不仅属于年轻人，更属于老年人，相守一生的老人更应该过七夕节。文案中的“鞋合脚，人合意”将鞋子的合脚程度与和谐的婚姻类比，突出了鞋子的舒适、合脚。足力健七夕文案如图 7–3 所示。

图 7–3　足力健七夕文案

八一建军节，足力健推出了“足力健百城千店为您按脚”活动，为退伍老兵免费按脚，活动文案是：

人民不会忘记您，累了就来按按脚。

这则文案虽然质朴，但却传递了“关爱老兵”的鲜明态度，能引发人们的认同和共鸣。而且，这则文案还借助八一建军节热点，进一步扩大了传播。足力健八一建军节文案如图 7–4 所示。

**图 7–4　足力健八一建军节文案**

足力健推出的类似文案还有很多，如教师节文案，全民健身文案等，均在朋友圈引发了传播。足力健致力于“让每一位老人都过上健康快乐的老年生活”，其文案中充分表达了“关注老人”“关爱老人”的正面态度，引起大众的认同和共鸣，并获得了广泛传播。足力健文案的成功，充分说明“态度”在引发传播中起到的积极作用。

同时，足力健文案也给了我们另一种启示：想要让文案“有态度”，我们不仅要立足于品牌价值观，还要关注目标受众，关注他们的实际情况和实际需求，表达他们的心声和态度。只有这样，文案才能言之有物，才能获得受众的认同。

情绪来自人性

在前文中，我们曾多次提到过情绪，文案中的情绪不仅能促使受众产生消费冲动，还能引发文案的传播。因此，我们要让文案“有情绪”，用情绪挑动受众的心，引发他们的情感共鸣。

情绪包括正向情绪和负向情绪，正向情绪包括喜悦、感激、振奋等，包含正向情绪的文案有很多，比如：

最痛苦的事，不是失败，是我本可以。——新浪汽车

这则文案能很起到鼓舞人心，催人奋进的作用，能将受众“点燃”。受到鼓舞的受众自发地传播这则文案，并关注相关产品或品牌。

负向情绪包括恐惧、失望、悲伤等，能起到反向激励或“泼冷水”的作用。咖啡品牌 UCC 的“大人的腹黑语录”系列文案就是典型的负向情绪文案：

失败并不可怕，可怕的是你还相信这句话。

从表面上看，这则文案十分“丧气”，但却巧妙迎合了现代人喜欢自我解嘲的心理，能引发受众的共鸣。而且，比起正向情绪文案，这类文案更幽默，更“接地气”，更

容易被受众传播。

无论是正向情绪文案，还是负向情绪文案，都要贴近受众，让受众产生强烈的代入感。因此，我们在为文案注入情绪时，应注意以下三点。

**1. 贴近现实生活**

每一个受众群体都有相似或类似的经历，以及共同的记忆，比如童年时代的动画片，大学毕业时的迷茫，职场中的烦恼等。我们应该在文案中多运用这类贴近真实生活的经历和场景，让受众更有代入感。

**2. 善用第一人称**

相比第二、三人称，第一人称更有代入感，能让受众更好地感知文案所传达的情绪。当受众阅读第一人称文案时，会被唤起和“我”一样的情感，会产生和“我”相似的诉求，会更在意产品能否解决“我”的问题。

**3. 制造落差感**

落差感不仅能激发受众的情绪，还可以将情绪充分放大。当受众的情绪经历了从高到低或从低到高的变化后，他们会更容易与文案产生共鸣。很多文案创作者都会运用“反转”或“神转折”技巧，让受众产生情绪上的落差感。

文案能否被广泛传播，不仅要借助外力，还要依靠文案创作者的“内功”。如果文案创作者不能在文案中注入态度和情绪，就很难引起受众的认同和共鸣，也很难让受众自发地传播文案。总而言之，一则能够疯传的文案，必须有态度，有情绪。

## 第四节　五个技巧，让文案自带传播属性

充电五分钟，通话两小时。——OPPO

怕上火，喝王老吉。——王老吉

海澜之家，男人的衣柜。——海澜之家

上面的三则文案应该没有人不熟悉，它们的语句并不优美华丽，没有运用任何精妙的修辞手法，也没有任何高深的意境。但是，它们却能成为广泛传播，成为大众熟知的广告文案。这是为什么呢？

仔细研究这三则文案后，我们会发现，它们自带传播属性。通常，这类自带传播属性的文案都有两个特征：一是易记忆，二是易传播。自带传播属性的文案的特点如图 7–5 所示。

图 7–5　自带传播属性的文案

易记忆是指文案的记忆成本低。有些文案创作者写出

来的文案看起来没有任何问题，可脑中就是记不住，看完后转眼就忘了，这是因为他们创作的文案记忆成本很高。造成文案记忆成本高的最主要原因是语言不够简洁，专业词汇过多。为了降低记忆成本，我们必须用最简单、直接的语言撰写文案，让受众一看就明白，一看就能记住。

易传播是指文案能被受众很快记住并复述、传播。如果一则文案中的重点信息不突出，信息量过大，受众看过该文案后会很快遗忘，传播就更不用提了。为了让受众对文案留下深刻印象，加深对产品的印象，我们必须在有限的语句中着重呈现，甚至重复呈现产品的核心卖点。

有的文案创作者喜欢求大求全，恨不得将产品的所有卖点都“装”进文案里，导致文案里的信息既多又密。殊不知，文案中的信息越多，受众越难接受。受众能记住且易传播的文案应该是语言通俗易懂，信息量适中的。比如，毛豆新车网和瓜子二手车网的文案：

买新车，上毛豆，首付 3000 元起开新车。——毛豆新车网

瓜子二手车直卖网，没有中间商赚差价。——瓜子二手车网

文案能否顺利传播，不是文案创作者说了算，也不是广告主说了算，而是受众说了算。

为了让文案具备传播属性，变得易记忆，易传播，我们可以从以下五个方面入手。让文案自带传播属性有五个技巧，如图 7–6 所示。

**图 7-6　让文案自带传播属性的五个技巧**

使用陈述句

比起疑问句、感叹句，陈述句的语气最平缓，感情最平淡，但它却是最有力量，应用最广泛的句式。在平时的写作中，我们需要运用大量陈述句来描述事实，抒发感受。撰写文案时，我们要用大量陈述句介绍产品和品牌。

我们可以在陈述句中加入大量形容词、名词，也可以删繁就简，只保留主干。陈述句可以很复杂，也可以很简单。一些陈述句文案看似简单，却意味深长。比如，知乎App的文案：

我们都是有问题的人。

这是一个仅有9个字的陈述句，却蕴含了两重含义，第一重含义是：每个人都对世界充满疑问；第二层含义是：每个人身上都有或多或少的问题。这则文案看似简单，却具有丰富的含义，而且很好地凸显了知乎App的产品卖点。

再比如，印象笔记的陈述句式文案既简单又有趣：

找不着北，就多看东西。

短短的文案中融入了“找不着北”的俗语，既贴近生活，又充满趣味。“东西”既指方向也指内容，“多看东西”是指多看书，多学习。这则文案虽然是简单的陈述句，却充满趣味。而且主句文案非常简单，很容易记忆，也非常易于传播。

陈述句是最简单的句式，也是最容易运用的句式。这样的句式恰恰可以写出最容易记忆，最简洁通俗，最容易传播的文案。

### 运用口语

口语就是口头语言，比书面语言更通俗，更利于传播。文案写作不同于文学创作，应尽量避免书面化，多使用口语。通俗易懂是文案写作的最基本要求，晦涩难懂的文案既不能吸引受众的注意力，也难以传播。

在文案中，我们要使用口语化的表达方式，做到简单易懂，易于记忆，易于转述。只有这样，文案才能在短时间内抢占受众的注意力，并拉近与受众的距离。比如，赶集网的文案是：

我有一头小毛驴，却从来也不骑。找房子，找工作，找装修，找保姆，找宠物，卖二手货。赶集网，啥都有！

这则文案中运用了人们耳熟能详的歌词“我有一头小毛驴，却从来也不骑”，能够起到加深受众印象的作用。文案中的“找房子，找工作，找装修，找保姆，找宠物，卖二手货”和“啥都有”十分口语化，不仅通俗易懂，读起来也朗朗上口。

居然之家的文案也十分接地气：

装房子，买家具，我只来居然之家。

文案中的“装房子”是非常口语化的表达方式，如果将其换成书面语，应该是“装修房子”。如果将文案中的“装房子”改为“装修房子”，文案的简洁程度和上口程度都将大打折扣。

在文案中运用口语，可以让文案更加朗朗上口，更易于传播，那些成为大众流行语的文案，几乎都具有口语化、通俗化的特点。

## 重复，重复，再重复

恒源祥，羊羊羊。——恒源祥

车到山前必有路，有路就有丰田车。——丰田车

曾几何时，人们一打开电视机，就会遭到上面这则文案的“狂轰滥炸”。这则文案让我们见识到了企业投放广告的力度，也让我们领略了重复的魔力。恒源祥用重复的“羊羊羊”，凸显了恒源祥的真材实料，也通过重复达到了给受众“洗脑”的目的。丰田车文案不仅使用了重复的方法，还运用了顶真的修辞手法，只听一遍，受众就能牢牢记住。

有时候，重复文案会让人觉得啰嗦，还有可能引起受众的反感。但是，这类文案通常能够广泛传播，并达到很好的营销效果。尽管受众们会吐槽重复式文案，但当他们面对同类产品时，总是首先想到那些有重复式“洗脑”文案的产品。

### 发起行动

在文案中直接发起行动，会起到振奋人心、烘托气氛的作用，受众也会在文案的引导和鼓励下购买产品。下面几则文案都直接发起了行动，受众很容易受到这类文案的鼓舞。

拼多多，拼着买，更便宜。——拼多多

小饿小困，喝点香飘飘。——香飘飘

拼多多文案直接告诉受众“拼着买，更便宜”，对于那些没有使用过拼多多的受众来说，这则文案可以促使他们尝试使用拼多多购物，并学会“拼着买”。香飘飘文案则直接发起了号召，让“小饿小困”的受众“喝点香飘飘。”

直接号召行动，可以让文案更有感染力，更容易打动受众。不过，我们在号召行动时，要使用简洁、有力的语言，冗长的叙述会使文案的传播力和号召力大打折扣。

直接解决问题

在文案中提供解决方案，直接解决手中的问题，也可以促进文案的传播。比如，亮甲的文案：

得了灰指甲，一个传染俩，问我怎么办，马上用亮甲。

这则文案创作于十几年前，至今仍然在各大媒体上传播。它之所以有如此强大的生命力，正是因为它抓住了主要矛盾——找到受众的问题，并为受众提供解决方案。人的注意力有限，通常只关心与自己有关的事物。亮甲文案的创作者恰好抓住了人们的这种心理，抓住了灰指甲患者的注意力，并为他们提供了解决方案。

明确手中的诉求，并为他们解决问题，是最基本的营销策略。我们也可以在文案中运用这种策略，让特定的受众群体熟知文案，传播文案。

不具备传播属性的文案不是好文案，这是每位文案创作者都应该明白的道理。我们在创作文案时，要避免让文案中的要素过多，而失去易记忆、易传播的特点。

# 第八章

# 避坑指南：这些文案写作误区入不得

在文案创作者“修炼”的过程中，可能会遇到很多“坑”，比如，混淆愿景和卖点，脱离受众，空喊口号等。为了规避这些“坑”，我们要积极提升文案写作水平，并有针对性地采取措施，防止进入写作误区。

## 第一节　愿景与卖点是两个概念

在生活中，我们常常可以看到一些毫无存在感的文案，这些文案难以吸引我们的注意，也无法拨动我们的心弦。比如，“让世界更美好”“成为行业引领者”“引领智慧生活”等。这类文案有一个共同特点，那就是将企业愿景当作产品卖点。

前文中我们提到过，有的文案创作者会将产品卖点当作受众需求，事实上，将愿景当成卖点也是不少文案新手经常犯的错误。

一般来说，愿景是一家企业或一个品牌的目标，比如“让世界更美好”“成为行业引领者”等。愿景式文案表达的是企业的目标和愿望，而受众们想要了解的是产品。在受众们看来，愿景式文案是空洞的，也是无效的。

作为文案创作者，我们必须明确一个事实：愿景和卖点是两个概念。

为了避免混淆愿景和卖点，我们必须在文案中突出产品的优势和特点。简单来说，我们要准确提炼产品的卖点。提炼产品卖点的三个方法如图 8–1 所示。

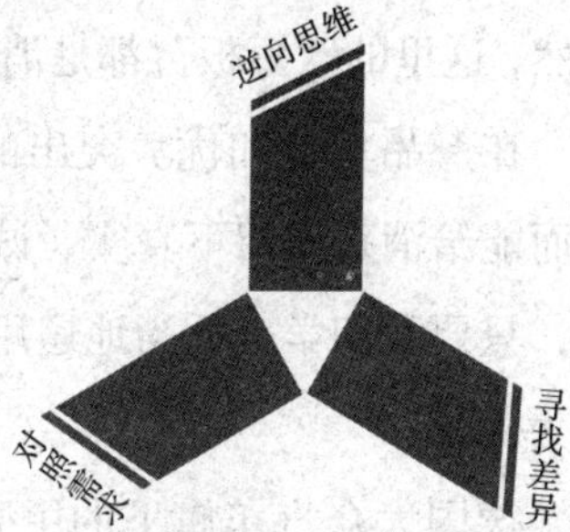


**图 8–1　提炼产品卖点的三个方法**

在产品同质化形象日益严重的今天，我们可以试着运用上面的三种方法，提炼出产品的卖点，突出产品的优势。

逆向思维

当我们打开淘宝限购商品时，经常会看到这样的文案：“很贵，但真的很值得。”“价格贵，但品质真的好。”在一些卖货直播中，主播也会首先告诉观众产品的价格比其他同类产品略高，然后再通过讲解和示范告诉观众“贵有贵的道理”。

这类文案看起来非常直白，毫无技术含量，但却非常精准地戳中了消费者追求品质，希望产品物有所值的消费心理。

商家知道消费者在乎价格，也知道自己的产品比别人更贵，在积累的市场竞争中，价格可能会成为自己的短板。按照正向思路，商家应该尽量突出自己的长处，掩盖自己的短板，在文案中突出其他买点，尽量不提价格。但聪明的商家却反其道而行之，先亮出短板，再介绍产品的长处。当然，这里的“短板”都是消费者可接受的，无伤大雅的。

在产品卖点和优势突出的前提下，适当地透露短板，反而能给消费者留下真实、诚信的印象。这是一种逆向思维，只要我们学会适当地运用它，产品的短板也可以被转化为优势。

德国大众汽车旗下的甲壳虫品牌诞生于1938年，在几十年间风靡全球，是世界上最具影响力的汽车之一。可是，这款紧凑型车型在问世之初并不受人们的欢迎。在美国市场上，消费者们偏爱较大的汽车，认为内部空间狭小的甲壳虫并不实用。为了提高销量，甲壳虫品牌运用逆向思维，发布了以下文案：

当你挤进狭小的停车场时，当你更换那笔少量的保险金时，当你支付修理账单时，或者当你用旧大众换新大众时，请想想小的好处。

在一部分人看来，内部空间小是甲壳虫汽车的短板。这篇文案并没有回避这个所谓的“短板”，而是将其转化为优势和卖点。

将短板转化为优势和卖点，就是要找到产品短板能够为受众带来的利益，并将这种利益不断放大。产品的卖点就是受众购买产品的理由，我们在运用逆向思维，将短板转化为优势时，最好立足于受众的痛点和需求，提炼出能打动受众的卖点。

### 寻找差异

在产品同质化现象日益严重的今天，我们作为文案创作者，应该如何突出产品的优势，提炼产品的卖点呢？换句话说，我们应该如何让受众在第一时间就注意到我们的产品呢？答案是：寻找差异。

这里的差异是指差异化优势，即与其他同类产品不同，或优于其他产品的卖点。手机市场历来硝烟弥漫，同质化竞争十分激烈。各大手机品牌为了在竞争中占据优势，都极力在广告文案中凸显差异化，比如：

充电 5 分钟，通话两小时。——OPPO 手机

逆光越清晰，照亮你的美。——vivo 手机

小米手机，为发烧而生。——小米手机

OPPO 手机挖掘到的差异化卖点是“充电快”，vivo 手机的差异化卖点是“拍照美”，而小米手机的差异化卖点则是“发烧”。有别于其他同类产品的差异化卖点使这些手机品牌有了鲜明的特征。

矿泉水品牌农夫山泉的著名广告文案“我们不生产水，我们只是大自然的搬运工”也是差异化卖点。当其他矿泉水、纯净水品牌还在将“纯净”“多层过滤”“矿物质丰富”等作为卖点时，农夫山泉已经将自己定义为“大自然的搬运工”，并放大“天然矿泉水”这一优势。通过挖掘差异化优势，农夫山泉成为瓶装水市场上的一棵常青树。

对照需求

有时候，在已经充分挖掘产品优势和特征的前提下，我们仍然会觉得卖点不够突出。此时，我们可以对照受众需求的方式来进一步提炼产品卖点。

在撰写文案或开展营销之前，我们应该仔细研究目标受众的需求，并根据这一需求，提炼与之对应的产品卖点。通俗地说，我们要根据受众的需求，为他们“量身定制”

产品卖点。

比如，某吸尘器品牌经过一系列调研后发现，人们对吸尘器的最强烈需求包括：静音、清洁能力强、操作简单。于是，该品牌文案在撰写文案时将“静音”“噪声小”作为主要卖点。该吸尘器的品牌文案为“更小噪音，更大吸力”。

再比如，某护肤品的文案是：“解决多重肌肤问题，拯救‘熬夜脸’。”该文案准确地迎合了部分受众“既要熬夜，又要护肤”的需求，将“拯救‘熬夜脸’”作为产品卖点。这一卖点可以成功地吸引那些不得不熬夜加班，但又担心皮肤出现问题的受众。

无论任何产品，都有特定的受众，只有尽可能地让受众满意，产品才能获得更好的销量。世界上没有完美的产品，只有不断迎合受众需求的产品。为了更好地提炼卖点，我们必须将受众的需求研究透彻，并根据需求提炼卖点。

## 第二节　架子端上天，容易脱离受众

广告文案是面向广大受众的，这是营销领域内毋庸置疑的“基本法”，也是每一位文案创作者都应该理解并牢记的基本原则。

遗憾的是，在实际工作中，一部分文案创作者会将这条基本原则抛诸脑后。有的文案创作者不以受众需求为文案的立足点，而是小心翼翼地讨好甲方，为产品或品牌“大唱赞歌”。还有的文案创作者在撰写文案时习惯于“自说自话”，习惯于站在自己的立场上输出观点，根本不管受众的诉求。这些文案创作者写出的文案“感动甲方，感动自己，就是感动不了受众”。

当文案创作者端起架子，不立足于受众需求，开始自说自话时，他们写出来的文案一定是脱离受众的，也不可能获得理想的营销效果。俗话说“爬得越高，摔得越惨”，这句话放在文案写作中同样成立，我们写文案时的架子端得越高，就离受众越远，营销效果也越差。

为了避免犯这类错误，我们可以对照下面的几个典型症状，看看自己的文案是否“架子端上天。”

### “端架子”文案的四个典型症状

何为端架子文案？一般来说，“端架子”文案往往具有以下四个典型特征。

**1. 除了写的人，谁都看不懂**

有的文案创作者在撰写文案时喜欢追求“高大上”，在文案中加入各种生僻字和专业术语，并堆砌华丽的词藻。他们写出的文案晦涩难懂，复杂拗口，不仅模糊了重要的营销信息，也常常令受众感到一头雾水。

在房地产行业和汽车行业里，这类看似华丽，实则“空无一物”的文案比比皆是，比如“至臻之选，一宅藏天下”“旷世盛景，别样乌托邦，绽放理想国”等。

这类文案是典型的“端架子”文案，姿态摆得很高，意思表达得云山雾罩，除了写的人，谁都看不懂。

**2. “我不要你觉得，我要我觉得”**

“我不要你觉得，我要我觉得”曾是风靡一时的网络流行语，人们常用它调侃那些刚愎自用的人。有些文案创作者字写文案时，也常常陷入“我不要你觉得，我要我觉得”的状态，沉浸在自己的世界里，听不进任何意见，不做调查研究，不考虑受众的实际需求。他们写出来的文案必然是脱离受众的。

正常的文案应该以受众为中心，围绕用户的需求展现产品卖点。那些文案创作者端着架子，以自我满足为目的写出的文案则恰恰相反，不考虑受众需求和受众心理，而是傲慢地替用户决定他们需要什么功能，喜欢什么卖点。

如果一则文案不能立足于受众的立场，那么这则文案一定无法得到受众的认同和关注。

**3. 强行炫技，生搬硬套**

前文中介绍了一些文案创作中常用的修辞手法，比如押韵、比喻、双关等。适当运用修辞手法能够起到画龙点睛、锦上添花的作用，但是，不分语境和场合，不考虑相关性，滥用修辞只会让文案变得不伦不类。

很多文案修辞精确，朗朗上口，可是却和产品毫无关系。这类文案过度追求形式，忽略了内容，自然无法吸引受众。我们要始终记得，文案的最终目的是营销，不能达到营销目的的文案都是无效文案。如果文案只能取悦自己和少部分受众，不能让大部分受众了解产品信息，并吸引他们关注和购买产品，那么，这样的文案就是不合格的。

在撰写文案时，我们不应强行炫技，而是要让文案为产品服务，为受众服务。

**4. 官方架子端得太高**

文案应体现产品或品牌的专业性和优越性，但过分“傲慢”，官方架子太高，也会引起受众的反感。试想一下，如果某产品的文案告诉受众：“我的产品很高端，如果你不懂我的产品，说明你缺乏品味。”受众会不会买账呢？答案当然是否定的。

“高高在上”的文案往往不能让受众产生代入感，也很难激发受众的购买欲望。官方架子端得太高，会让受众退避三舍，即使他们对产品感兴趣，也会因为文案中透露的高傲而选择离开。塑造产品或品牌的高端形象是无可厚非的，但任何事都过犹不及，我们要在“保持格调”和“贴近受众”之间找到平衡点。

放下架子，让文案“落地”

为了避免走入“端架子”的误区，我们可以通过以下四种途径，放下架子，让文案“落地”。让文案“落地”的四种途径如图 8–2 所示。

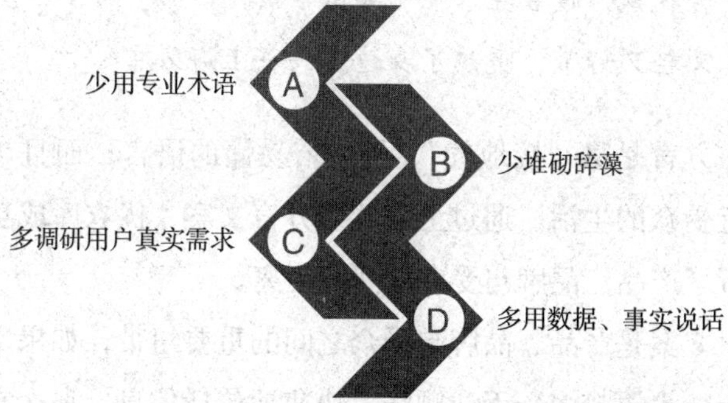


**图 8–2 让文案“落地”的四种途径**

**1. 少用专业术语**

半胱氨酸组氨酸、共轭双键、双色阳极氧化、私域流量、闭环……

这些词汇看起来既专业又“高大上”，但却不适合出现在广告文案中。因为，它们增加了受众的理解成本，受众们要先弄懂这些专业术语的意思，才能获得文案中营销信息。在这个信息爆炸的时代，如果用户们不能第一时间理解文案，他们的注意力就会迅速转移。而且，过高的理解成本可能会让受众对产品产生疑虑，要知道，怀疑总是来源于未知。

因此，我们在撰写文案时，要尽量使用避免使用专业术语，要学会用通俗易懂的语言准确传达信息。比如，优衣库用方言 RAP 诠释产品的保暖特性：

老轻声，老囊火。——山东方言

轻盈好带，热火随行。——四川方言

轻飘飘，暖笠笠。——粤语

又轻又好带，暖热了身边。——上海方言

方言是最“接地气”、最通俗易懂的语言，而且十分贴近受众的生活。通过上面几则方言文案，优衣库成功地拉近了产品、品牌与受众之间的距离。

文案是产品、品牌与受众之间的重要纽带，如果文案中专业术语较多，无法顺畅、快速地传播信息，那么它将无法发挥应有的作用。

**2. 少堆砌辞藻**

在时速 60 英里的劳斯莱斯汽车中，你唯一能听到的是钟表的滴答声。

这是“广告教父”大卫·奥格威为劳斯莱斯汽车撰写的广告文案，它至今仍被奉为经典。奥格威本人是这样评价这则文案的：“在劳斯莱斯的广告里，我说的每一句话都是事实，不用形容词，也不附庸风雅。”

这则文案中没有多一个多余的词汇，奥格威用最简单、平实的语言，准确地表现出了劳斯莱斯汽车的优越品质。受众可以通过这则文案，迅速了解劳斯莱斯汽车的优点。毫无疑问，这样的文案是贴近受众的，而且能有效提升受众对于产品的认知度。

反观另外一些产品文案，堆砌了很多辞藻，包含许多修辞手法，但却无法准确、清晰地体现产品的卖点和特征。受众看了这样的文案，根本无法对产品留下深刻印象，更不会花钱购买产品。

一则合格的广告文案不需要华丽的辞藻，只需要为受众的消费决策提供依据。我们可以在文案中适当地玩“文字游戏”，但不应该本末倒置。很多我们耳熟能详的广告文案都十分浅显直白，看起来不够“漂亮”，但它们贴近受众，容易被记住，也容易被传播。

麦当劳，喜欢您来，喜欢您再来。——麦当劳

爱她，就请她吃哈根达斯。——哈根达斯

自律给我自由。——Keep

让家居更艺术，让生活更舒适。——宜家

这些文案中没有华丽的词藻，也没有优美的语句，只有一目了然的品牌调性和产品特征。麦当劳文案凸显了快餐厅的亲民和欢乐氛围；哈根达斯文案将恋爱、约会与冰淇淋联系起来，强化了受众对于产品的印象；Keep 的文案体现了品牌价值观；宜家的文案准确传达了产品的作用。

作为一名合格的文案创作者，我们应该学会写“不漂亮”的文案，让文案的功能回归本质。为了养成不堆砌辞藻的习惯，我们可以试着多用动词和名词，少用或不用形容词。

**3. 多调研用户真实需求**

我们在撰写文案之前要多调研受众的真实需求，通过调查问卷、大数据分析、抽样调查、实地考察等方式了解

受众的痛点、需求，并以此为依据挖掘产品的卖点。这样做的目的是避免自说自话。

只有了解受众，才能真正地贴近受众。在撰写文案的过程中，我们也应站在受众的立场上考虑问题，代入受众的视角去审视文案。

**4. 多用数据、事实说话**

为了让文案更贴近受众，更接地气，我们可以在文案中使用真实数据、真实案例，用数据和案例“说话”。真实的数据和案例能够让文案变得更加真实可信，也能让受众直观地感受到产品的优越性。

一旦文案的“架子端上天”，就很容易脱离受众。每一位文案创作者都应该“脚踏实地”地打好基本功，学会用最通俗的语言传达信息，并始终牢记广告文案的核心目的——营销。

## 第三节 没有营销效果的广告文案都是“伪文案”

互联网上总是流传着这样一类文章，比如《刷爆朋友圈的50句文案，让你一眼就爱上》《100句走心文案，让你做朋友圈最靓的崽》等。这些文章中罗列了一些在朋友圈、微博、小红书、抖音等社交媒体上常见的“文案”，比如：

你去的时间不凑巧，却总说别人走得太早。

让你的风铃晃动的，是风；让你的生命灵动的，是爱。

尝尽人间百味的人生才更加生动。

在自己的小世界里撒欢就是最开心的事了。

永远不是一种距离，而是一种决定。

那些让你睡不着的心事，都会变成天上的星星。

天真灿烂，尘世游慢，请拿出鼓动风云的勇敢。

这些句子看起来十分“漂亮”，也很容易引发传播，在朋友圈发布这些文案，可以获得较多的点赞和评论。可是，这些句子并不是真正的广告文案，因为它们都不具备卖货的功能。

### 能卖货，才是真正的广告文案

认真分析上述提到的文案案例，不难发现：从目的上看，上面句子的主要目的是表达情绪，渲染气氛，可以引起共鸣。而广告文案的主要目的是营销，需要达到一定的营销效果。从创作上看，上面句子不需要遵循条条框框，创作者可以自由发挥，而广告文案具有特定功能，创作者要“带着枷锁起舞”。

广告文案并不等于“漂亮”的文字，广告文案创作也不是单纯地咬文嚼字。真正的文案具备营销功能，直白地说，能卖货，才是真正的广告文案。

我们可以通过一个生动的案例，来理解什么是真正的广告文案。

一家进口零食专营店刚刚开张，生意十分清淡，线上店铺和线下店铺的销售情况都不太理想。为了吸引受众，提升销量，商家发布了一则文案：

唯有爱与美食不可辜负。

文案发布后反响平平，商家只好换了另一则文案：

来自世界各国的美味零食，一次性满足你的味蕾。新店开业，全场 8.5 折，购物达 200 元，可参与抽奖！

这则新文案十分普通，也称不上优秀，但却传达了明确的营销信息，也有了能够吸引受众的卖点。有了这则文案，这家店铺的生意或许会有所好转。因为受众可以从文案中了解到两个重要信息，第一个信息是店内出售来自世界各国的零食，第二个信息是购买店内商品时可享受 8.5 折，并有机会参与抽奖，而这些信息可以吸引部分受众进店消费。换句话说，这则文案可以帮助店铺卖货。

反观这家店铺发布的第一则文案，我们会发现，它只是一个看起来“漂亮”的句子，除了抒发情绪以外，没有向受众传达任何有效的营销信息。通过对比，我们不难看出，该店铺发布的第二则文案才是真正的广告文案。

10 秒洗好照片。

这是拍立得的经典文案之一，很显然，它是一句有效广告文案。它告诉了受众一个重要的营销信息：不需长时间等待，就能获得照片。这则文案很好地凸显了产品卖点，能够获得营销效果，有可能提升产品的销量。因此，这是一则真正的文案。

所以，当我们判断一段文字是否是广告文案时，可以问问自己：这则文案主要目的是不是营销，能不能把货卖出去。

要记住，能产生营销效果，能卖货，才是真正的广告文案。

### 广告文案必须具备的四个要素

理解了什么是真正的广告文案以后，我们就可以根据受众的消费心理，总结出一套撰写广告文案的方法。

通过研究广大消费者的行为和心理，我们不难发现，大部分受众在购买产品时都会经历以下五个阶段，如图 8–3 所示。

**图 8–3　受众消费心理的五个阶段**

“受到吸引”是第一个阶段，在这一阶段中，产品吸引了受众的注意力。“产生兴趣”是第二阶段，在这一阶段中，受众对产品产生兴趣。“引发欲望”是第三阶段，在这一阶段中，受众产生购买产品的欲望。“产生信任”是第四阶段，受众在这一阶段会打消对产品的疑虑。“开展行动”是最后阶段，处于这一阶段的受众会购买产品。

理解受众消费心理的五个阶段，可以让我们在撰写广告文案时更有针对性，做到针对每个阶段对症下药。为了吸引受众，广告文案中要有吸引力；为了让受众对产品产生兴趣，引发其购买欲望，广告文案中要有卖点；为了让受众对产品产生信任，广告文案中要有“定心丸”；为了促使用户开展行动，下单购买，广告文案中要有销售转化信息。

因此，一则真正的广告文案中必备的四个要素，分别是吸引力、卖点、“定心丸”和销售转化信息。

**1. 吸引力**

广告文案要有吸引力，才能从众多信息中脱颖而出。加强文案吸引力的方法有很多，比如运用对比，凸显优势。

南孚电池，一节更比六节强。

聚能环 2 代，电量更多 25%。

图 8-4 南孚电池文案

南孚电池的两则文案都运用数字，将南孚电池与普通电池、新南孚电池与旧南孚电池进行对比，通过直观的数字凸显了产品的优势。想要购买电池的受众看到这样的文案，自然会被吸引。当然，我们也可以将文案与热点结合，借助热点的“热度”，使文案受到更多的关注。

**2. 卖点**

卖点就是用户需要的、感兴趣的产品特征。在前文中，我们已经介绍过提炼产品卖点的方法，这里就不再赘述了。不过，在文案中加入卖点时，我们需要注意一个问题：卖点并不是越多越好，一则文案中的卖点过多，会让受众产生视觉疲劳，也无法凸显产品的最大优势，进而导致营销效果大打折扣。因此，一则文案中只需要突出 1~2 个最重要、最能触动受众的卖点即可。

一家专门做特卖的网站。

这是唯品会的文案，其中仅有一个卖点——特卖，却很好地突出了网站最重要的功能，而这个功能正是受众所需要的。

当受众被吸引进而继续关注文案时，他们一定会想："这款产品对我有什么用？"此时，如果文案中有1~2个他们感兴趣的卖点，他们就会产生购买产品的冲动。

### 3."定心丸"

当受众产生购买产品的冲动时，我们还要再给受众吃一颗"定心丸"，让其打消疑虑，下定决心购买产品。因此，广告文案中应该具备让受众产生信任的要素，比如名人背书、明星代言、商家承诺、真实数据、真实产品体验等。

让受众对产品产生信任，是销售转化的关键，如果一则以卖货为目的的文案中缺少"定心丸"，那么，最终效果将大打折扣。

### 4.销售转化信息

能产生营销效果，能卖货的文案才是真正的文案。因此，广告文案中应该具备销售转化要素，即促使受众下单购买的关键要素，比如鼓励行动的信息、产品购买方式、购买渠道、优惠信息等。

在这个信息泛滥的时代，我们的文案很容易被受众忽略，文案中的产品信息也很容易被遗忘。因此，我们要想办法让受众在看到文案后的最短时间内下单购买产品。当然，这需要文案和其他营销活动的共同配合。但不可否认的是，文案在销售转化的过程中发挥着不可忽视的作用。

在文案中加入销售转化信息，是完成销售转化的关键点。如果我们的文案不能配合其他营销活动，引导受众马上下单，那么，我们将错失完成销售转化的良机。走完最艰难的 99 步，千万别忘了踢好临门一脚。前文中介绍了文案结尾的撰写方法，以及在文案结尾引导受众行动的技巧，这里就不再赘述了。

需要注意的是，我们在文案中销售转化信息时，要考虑到成交的便捷性。如今，线上购物及线上支付方式十分便捷，我们应该与时代接轨，为受众提供更多便捷的购买入口和支付渠道，如线上店铺地址、二维码等。

总而言之，那些被奉为经典的广告文案，都取得了非常好的营销效果，要么扩大了品牌的知名度，要么提升了销售转化率。真正的广告文案要以营销为目的，以卖货为目的，市场反馈是检验广告文案好坏的唯一标准。只有牢记这一点，我们才能写出好的广告文案。

## 第四节　口号喊多了，文案易得“空心病”

“空心病”是文案的常见病，很多刚入行的文案新手都会陷入“喊口号”的误区，让文案患上“空心病”。让我们来看看几则典型的“空心病”文案。

万象璀璨，锋芒毕露，全城争藏。——某楼盘文案

蜕变，只为完美新生。——某美容机构文案

开启洗衣新时代。——某洗衣液文案

这样的文案不胜枚举，它们有个共同特点：空喊口号，没有实质性内容。这些“空心病”文案没有传达产品、品牌的营销信息，也没有体察受众的需求，触动受众的痛点，更没有自带的传播性，可以说毫无亮点。

那么，我们应该如何预防文案的“空心病”呢？希望下面的四点建议能对大家有所帮助。预防文案的“空心病”的四点建议如图 8-5 所示。

图 8-5　预防文案的“空心病”的四点建议

言之有物，传达有效信息

为了预防文案“空心病”，我们首先应做到言之有物，让文案传达出有效信息。

某制茶企业推出了一个专卖花草茶的新品牌，希望获得年轻消费者的青睐。该企业事先拟定了一条文案：

感受大自然的味道。

很显然，这是一条典型的“空心病”文案，看似传达了品牌崇尚自然的理念，实则空无一物。不过，该企业并没有意识到这个问题，反而找到了一家广告公司，要求广告公司根据上述文案制作产品包装、宣传物料以及短视频广告。

广告公司的工作人员看到该文案后，感到无从下手，因为该文案中既没有提及品牌名，也没有说明品牌的调性，更没有产品的功能和特点。他认为，这条文案中没有任何有效信息，不具备传播价值。

经过一番协商，该制茶企业决定请广告公司为新推出的花草茶品牌重新拟定广告文案。为了撰写文案，广告公司的文案人员进行了一系列调研，弄清了该花草茶品牌的调性、产品特点、功能以及目标受众。掌握了必要的信息后，广告公司为该品牌拟定了新的广告文案，文案中包含了品牌推崇的理念，产品特点、优势，以及产品价值。

这个小小的例子告诉我们，不能传达有效信息的文案是不具备传播价值的。我们在撰写文案时，一定要言之有物，要将产品的卖点、优势或品牌的理念、价值观体现在文案中，让受众通过文案获得有效信息。

为文案打上品牌烙印

勇敢蜕变，迎接完美新生。

你知道这是什么品牌的文案吗？服装品牌？美妆品牌？还是医美品牌？似乎都可以，这则文案与服装、美妆、美容、医美品牌都能兼容。那么，这是一则好文案吗？答案当然是否定的，从市场营销的角度来看，这则文案非常空洞，没有任何传播价值，它可以套用在不同的品牌上，却不能代表任何一个品牌。

很显然，这则文案也患上了“空心病”。这类“空心病”文案仿佛“万金油”，可以套用在很多产品和品牌上。这样的文案会严重抹杀产品的特点和差异化优势，也会让品牌变得“面目模糊”。

这样的“空心病”文案有很强的可替代性，不可能给受众留下深刻的印象，也无法让受众记住产品和品牌。就算通过大量投放实现“刷屏”，也只能让受众“眼熟”，而不会让哪个受众对产品、品牌产生兴趣，而且，还有可能导致品牌形象被混淆。

为了避免这种现象的发生，我们要让文案打上品牌的烙印。第一，我们要根据产品、品牌的特性量身打造文案，第二，我们要在文案中强化产品、品牌的特点，让用户一看到文案，就联想到产品和品牌。

### 避免依赖“套路”

在一个行业里待久了，难免会沾染上一些不良习惯。有一些资深文案创作者，由于从业时间长，积累了一些经验，掌握了一些“套路”，就不再积极创新，而是习惯于依赖“套路”。他们在撰写文案时，做的第一件事不是调研产品、品牌或受众，而是寻找能够套用的模板和公式，翻看行业案例，从其他文案中“偷字”，企图用“套路”蒙混过关。

“套路”是从过去的经验中总结出来的一套方法，一些范式，可以为文案创作提供有益的参考。但是，这并不代表我们能依靠“套路”写好文案。“一招鲜，吃遍天”在文案创作中是行不通的。

或许，我们可以依靠“套路”写出“格式”正确、合乎标准的文案，但是，这样的文案一定不会引发市场的反应，也很难引起受众的注意。如今，受众可以通过网络接触大量信息，很多“套路”在他们的眼中并不新鲜，那些“套路”文案在他们看来是千篇一律的口号，用一句网络流行语来说，就是“没有灵魂”。

为了写出有生命力、能打动受众的文案，资深文案创作者要学会摆脱“套路”，积极创新，端正态度。我们要记住，市场反馈是检验一篇文案好坏的唯一标准，“套路”无法给我们正确答案。

### 剔除文案中的“障碍”

前文中提到过，有的文案创作者喜欢在文案中使用生僻字和专业术语，而这种做法会造成信息传播不畅，使受众无法快速获得文案中的信息，进而影响营销效果。事实上，文案中的生僻字、专业术语、长难句以及生僻的典故，都是影响信息传播的“障碍”，这些障碍容易造成文案的另一种“空心病”——文案中有信息，但受众没接收到。

为了避免“空心病”，我们要主动剔除文案中的“障碍”，降低受众理解文案的难度。试想一下，受众在文案中看到不认识的生僻字时会怎么做？大多数受众一定不会选择查字典，他们会立即转移注意力，将这则文案抛诸脑后。

有的文案创作者为了表现自己的创意和文采，会主动在文案中增加“障碍”。这种“炫技”式的行为，会增加传播成本，也会将广大受众拒之门外。对于文案创作来说，能高效地向用户传递信息，能提升转化的创意才是好创意。如果我们在创作文案的过程中，重形式轻内容，故意设置“障碍”，提升门槛，只会让文案患上“空心病”。

文案的“空心病”虽然常见，但并不难预防。只要我们能够立足于受众，立足于产品，牢记广告文案的核心目标——营销，就能写出贴近受众、言之有物且有利于营销的好文案。

## 第五节 四大锚点 + 三大原则，写出合格文案

产品营销的每一个环节都离不开文案，海报、广告软文、短视频以及产品外包装都需要文案。文案可以起到与受众沟通、传递信息的作用。此外，文案具备营销功能，可以扩大产品、品牌知名度，还可以提升产品销量。“爆款”文案能引发广泛传播，为产品、品牌带来流量和关注。

文案是如此重要，好文案可以为产品赋能，而坏文案则会拖产品的后腿。比如，某内衣品牌就因文案中的不当内容而遭到消费者的抵制，导致产品大批量下架。

为了确保文案不“踩坑”，不拖产品的后腿，我们要掌握文案的四个重要锚点，让文案不偏离方向。

### 找准四大锚点，文案“不踩雷”

一则合格的文案应有四个锚点，分别是观点、立场、价值观、事实，如图 8–6 所示。

图 8–6 文案的四个锚点

观点是对事件的看法，是主观的，虽然不存在对错之分，但有可能引发争议。立场是由

身份决定的，观点也受立场的影响。这里的价值观可以是企业或品牌的价值观，也可以是获得大众认同的正面价值观。事实很好理解，如果文案中涉及事实，应保证真实可信。

我们可以通过一个正面例子，来看看这四个锚点在文案中如何发挥作用的。农村淘宝的文案是这样的：

别让挣钱的冲动，阻挡看妈的行动，过年回家，才是人生赢家。

文案中的观点是：过年应该回家看望父母；文案所站的立场是：认同“过年回家”这一行为；文案传递的价值观是：关爱家人和父母比挣钱更重要；文案也侧面反映了一个事实：很多在异乡打拼的人在过年期间无法回家。

这则文案的观点、立场和价值观都是一致的，也是有事实作为基础的。因此，这则文案能够触动农村淘宝的受众——那些在异乡打拼，身在城市、心系农村的人们，文案中质朴的语言和真实的情感，成功唤起了他们回家乡发展、在家乡寻找机遇的念头。而且，这则文案符合“重视亲情、孝敬父母”的主流价值观，能够获得大众的支持和认同。

观点、立场、价值观、事实这四个锚点，不仅可以帮助我们把握文案创作的大方向，避免“踩坑”，还可以让文案的逻辑通畅。

### 文案创作的四个基本原则

明确了文案的四个锚点以后，我们还要遵守文案创作的四个基本原则。这四个基本原则是基于上述四个锚点的。

1. 观点不能过激

文案的主要目标是营销，想要达到好的营销效果，文案就要被大范围传播。如果文案中的观点过于偏激，可能会引起一部分受众的反感，进而导致传播受阻。文案不是文学作品，不需要过于新奇的立意，也不需追求曲高和寡的境界，文案需要在大众中广泛传播。因此，文案中的观点应该保持客观和克制。

同时，文案输出的观点应与产品和品牌相关，要能够起到强化品牌形象的作用。文案中的观点是一个双刃剑，可以赋予品牌灵魂，强化品牌调性。比如，香奈儿女士的名言“流行稍纵即逝，风格永存”，不仅是香奈儿品牌的经典广告文案，也是品牌精神的最佳脚注。

2. 立场与受众一致

文案所持的立场应该与受众保持一致，符合受众的利益。只有这样，文案才能并更好地与受众达成共识，并打动受众，赢得受众的信任。

以上文中淘宝农村的文案为例，淘宝农村的目标受众是那些希望扎根农村、开展电商事业的人们，他们中的很多人都在城市工作，可能面临“过年不能回家的困境”，而他们内心又渴望与家人和父母团聚。淘宝农村文案所站的立场与目标受众完全一致，并鼓励受众过年回家。立场的一致，让这则文案获得了受众的支持，并引发了受众的情感共鸣。

近年来，不少企业都在社交媒体上发表过各种各样的声明。有些企业通过声明获得了大众的认可，成功挽回了企业声誉。而另一些企业发布的声明不仅没有挽回企业形象，反而引起了公愤，使企业受到大众的质疑。

造成这种现象的关键原因是“立场不一致”，如果企业能站在受众的立场上考虑问题，与受众的立场一致，那么这家企业发布的声明就能获得受众的认可和谅解。相反，如果企业为了自身的利益，“甩锅”给受众，与受众立场不一致，自然会受到受众的抵制。

**3. 坚持正向价值观**

广告文案通常发布在公共平台上，面向社会大众。因此，文案中体现的价值观不仅不能违背公序良俗，而且要积极向上。如果文案中体现的价值观是负面的，违背公序良俗的，就会被群起而攻之，甚至有可能使企业形象一落千丈。

**4. 事实真实可信，符合认知**

文案中的事实应该是真实可信的。广告文案中出现虚假信息，不仅违反《中华人民共和国广告法》，也会让产品或品牌失去受众的信任。同时，文案中陈述的事实应符合大众认知，否则将引起受众的疑虑，使营销效果大打折扣。

比如，某饮用水品牌曾经发布了一则文案：“好漂亮的水！”这样的文案让受众感到十分费解，人们不禁要问，漂亮的水究竟是什么水？很显然，文案中陈述的事实与受众的认知不符，不能获得很好的营销效果。后来，该饮用水品牌将文案改成了“天然矿物，低钠弱碱”，新文案卖点明确，简单易记，也符合大众对饮用水的认知。

观点、立场、价值观、事实是文案的四个锚点，只要我们牢牢抓住这些锚点，并遵循基于这四个锚点的文案创作的基本原则，就不会“踩坑”。

# 第九章

# 各个击破：几种常见文案写作方法

营销的各个环节都离不开文案，文案的种类多种多样，包括长文案、网店文案、公众号文案、微信朋友圈文案、短视频文案等。这些文案的形式、用途各不相同，我们在写作时也要“因地制宜”，灵活运用不同的方法。

## 第一节 长文案：描绘 + 承诺 + 证明 + 引导，拿起就能写

长文案不仅篇幅长，而且信息量大，如果其内容没有足够的吸引力，习惯了碎片化信息的受众可能很难耐心地读下去。因此，我们在撰写长文案时，不仅要注意语言是否通顺，逻辑是否顺畅，还要兼顾内容的趣味性。只有让受众愿意读下去，长文案才能发挥其应有的作用。

在撰写长文案之前，应该先搭好“骨架”。在一则长文案中，应该包括描绘、承诺、证明、引导四部分，它们是长文案的“骨架”，如图 9–1 所示。

图 9–1 长文案的“骨架”

通过描绘场景，我们可以吸引受众的注意力，唤起手中的需求；承诺可以解决受众的痛点，给受众一个解决方案；证明是呈现产品的卖点；引导就是给受众一个不得不

买的理由，并为受众提供购买产品的途径。

描绘、承诺、证明、引导四部分是一则长文案主体，我们可以根据“描绘＋承诺＋证明＋引导”的公式来撰写长文案。

### 描绘＋承诺：描绘场景，解决问题

我们要描绘场景，并给出承诺，为受众提供解决问题的方案。一般来说，我们可以在长文案开头描绘两类场景，一类是痛苦、麻烦的场景，另一类是美好的场景。

**1. 描绘痛苦、麻烦的场景，给出解决方案**

我们可以描绘痛苦、麻烦的场景，解释造成痛苦和麻烦的原因，并给出解决方案。还可以通过描绘痛苦、麻烦的场景展示某种可能性，并引导用户做出选择或选择产品。

这种写法可以快速地将受众的注意力拉到产品上，并体现产品的功能和独特优势。事实上，这种写法就是通过描绘场景，点出受众的痛点，并给出解决方案。

**2. 描绘美好场景，提高期待值**

我们可以通过描绘美好的场景，许诺受众一个美好的未来，然后告诉受众美好场景实现的途径（即使用产品）。这种写法可以提高受众对产品的期待值，使受众产生购买产品的冲动。

在长文案开头描绘场景，解决问题，是比较普遍的写法。这种写法可以让受众在最短时间内注意到文案，进而关注产品或品牌，值得我们借鉴。

### 证明：呈现卖点

证明是承诺兑现的方法，即呈现产品卖点。我们可以通过数据、口碑、故事等来呈现产品的卖点。数据不仅直观而且真实可信，能让受众直接地了解产品的优势。比如，香飘飘奶茶的经典文案："一年卖出三亿多杯，可绕地球三圈。"

口碑、案例可以增加可信度，客户使用产品后的改变，客户的真实使用感受，以及客户对产品的正面评价，都可以凸显产品的卖点和优势。最重要的是，客户反馈和口碑都是来自第三方的反馈，这样的反馈可以提升受众对产品的信任度。

除此以外，我们可以用故事来凸显产品的卖点，用"设置情境＋发现问题＋解决问题"的故事框架凸显产品的功能、价值和卖点。

总而言之，只要我们能够准确提炼产品卖点，并运用文案写作技巧将卖点表达出来，就能写好长文案中的"证明"。

### 引导：下单购买

在长文案的结尾，我们要引导受众下单购买产品。我们可以通过优惠活动，制造紧张感和稀缺感，唤起消费冲动等方式促使受众购买产品。

很多长文案的结尾都有促销信息，比如，"原价 299，现价 99 元，仅限三天”；“满 300 减 50，仅限今天”；“前 200 名下单，赠送价值 200 元礼品”。这些经典的引导话术不仅利用优惠活动唤起受众的消费冲动，还通过限时优惠来制造紧张感和稀缺感。

当然，我们也可以利用受众害怕损失的心理来引导他们下单购买产品。比如，某护肤品文案中列举了几种典型的肌肤问题，并强调了不重视护肤、放任肌肤问题发展的后果。这种做法成功地唤起了受众的危机感，为了“及时止损”，他们可能会下单购买产品。

需要特别注意的是，我们在引导受众下单购买产品时，千万别忘了为产品提供购买产品的渠道，如产品购买链接、网店地址、二维码等。

撰写长文案的难点在于结构和逻辑，只要搭建好长文案的“骨架”，在运用前文中提到的文案写作技巧，就能写好长文案。

## 第二节 网店文案：面面俱到，牢牢吸引顾客

网店文案不同于传统广告文案，它的形式更复杂，功能更多样。事实上，广告文案并不是单独的一则或一篇文案，而是多种文案的集合，包括网店海报文案、商品详情页文案、促销活动文案、商品评价的回复文案等。

我们在撰写网店文案时，要面面俱到，写好线上店铺运营中涉及的各类文案，让它们发挥应有的功能，牢牢吸引每一位进店的顾客。

### 网店海报文案

人们点击进入网店是为了购物，因此，他们需要一目了然的产品信息。海报恰好能够发挥这一作用。网店的海报文案应该尽量简短，不要堆砌过多的卖点。店铺海报的主要功能是传递信息，如果海报不能给受众留下深刻印象，那么这则海报就是无效的。

为了吸引受众的注意力，为了有效传达产品信息，为了让网点的页面更加丰富，我们不仅要让海报文案的文字更精炼，还要增强海报插画的表现力。某淘宝店铺的商品海报，如图 9–2 所示。

图 9–2　某网店的产品海报

一张能吸引受众眼球的网店商品海报，应具备几个要素：卖点、优势、购买途径。当具备这些基本要素后，我们可以通过设置悬念、借助热点话题的方式，使海报文案更有吸引力。在制作活动海报时，只需将卖点和优势换成活动信息即可。

## 商品详情页文案

商品详情页文案的主要作用是充分展示产品，引导受众购买产品。因此，商品详情页文案要站在受众的角度介绍产品，围绕受众的需求介绍产品卖点。

一般来说，商品详情页的篇幅大约为200~300字左右，在这短短的篇幅中，我们要介绍产品功能、卖点，分享产品使用体验，说明产品特点和优势。有时候，我们还要在商品详情页中介绍品牌。在短短的篇幅中，要呈现这么多内容，还要吸引受众购买产品，并不是一件容易的事。为了写好商品详情页文案，我们可以参考以下四种方法。

**1. 制造冲突**

如果商品详情页文案能先声夺人，在开头部分就制造冲突，那么，文案对受众的吸引力将大大增加。比如，某品牌电动牙刷商品详情页的第一句话是：

用这样的牙刷刷牙，还不如不刷。

这样的开头能很快勾起受众的兴趣，让他们继续看下去。

**2. 用科普吸引受众**

在商品详情页文案中融入科普内容，可以有效地吸引受众的注意，让受众继续阅读文案，并获得相关营销信息。这种方法屡试不爽，而且，越冷门的科普内容，越容易吸引受众的注意力。比如：

据统计，三成人不会正确刷牙，而错误的刷牙方法，会引起多种牙病的发生。

虽然，用科普内容吸引受众是增加文案吸引力的好方法，但我们必须保证科普内容真实可信，有权威的科学依据，否则就得不偿失了。

**3. 直戳痛点**

直戳受众的痛点，并提供解决方案，是文案创作者们经常使用的写作技巧。这种技巧也可以运用到商品详情页的写作中。我们可以在文案开头直接点出受众痛点，然后再介绍与痛点对应的产品功能。比如：

每次刷牙都牙龈出血？你可能选错了牙刷。××× 电动牙刷拥有清洁、按摩两种模式，清洁牙齿，按摩牙龈。让你的牙齿更健康。

上面的文案只是一个简单的例子，并不是经过市场检验的优秀文案。但其创作思路值得我们借鉴。值得注意的是，在文案中直戳受众痛点虽然有效，但仍然面临风险。因为，我们挖掘的痛点并不等于受众的真实痛点。想要精准地挖掘受众痛点，就要对受众进行深刻的洞察。

**4. 深挖卖点，专注产品**

无论我们用什么方法吸引受众的注意，目的都是让受众关注产品，购买产品。网店的商品详情页文案终究是产品。因此，专注于产品本身，深挖产品卖点，也是撰写商品详情页文案的重要方法。

图 9–3 是好利来“意式提拉米苏”商品详情页，页面色彩绚丽，图文并茂，渲染出了愉悦、温馨的氛围。页面中的文案突出了产品的卖点——美味香醇，口感丰富，也体现了产品用料扎实的优点。

黑巧香气、烤坚果风味和奶油般的厚重质感，三重融合，重新演绎“意式提拉米苏”。

一盒丰富滋味，美味逐层迸发。

微苦可可粉，为浓郁加持。

马斯卡彭芝士醇厚，手指饼干松软酥脆。

甘露咖啡力娇酒微醺回味，激发提拉米苏轻盈口感。

香醇绵密，苦而不涩。

看到这些生动的文案，你的脑中是否已经浮现出诱人的画面，你的鼻子是否已经“闻到”提拉米苏的香气了呢？看到这样的文案，受众怎么会不产生下单购买的冲动呢？

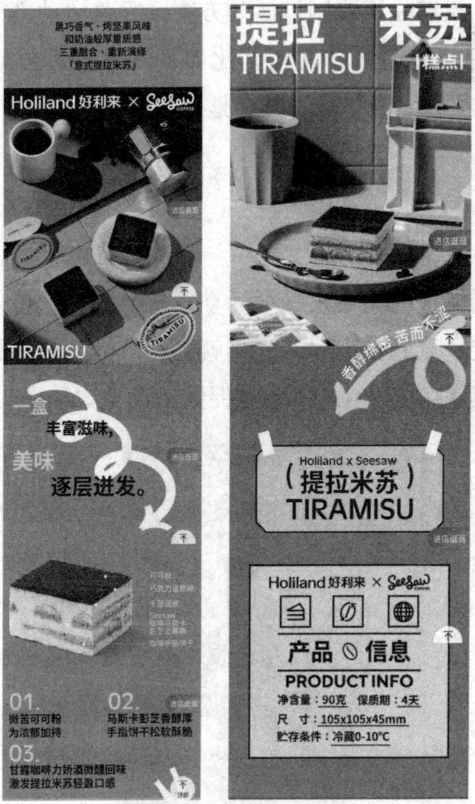


图 9–3 好利来“意式提拉米苏”商品详情页

商品详情页虽然不会出现在网店的首页，但它是受众了解商品的重要途径，也是网店实现销售转化的关键要素之一，无论是网店运营者还是文案创作者都应该重视它。

### 促销活动文案

促销活动，是网店运营必不可少的环节。为了做好促销活动，我们除了要制订活动方案，完善活动细节，还要发布配套的促销活动文案。比如，欧莱雅官方旗舰店的“双 11”预热促销活动的文案是：

美礼为你穿越，9/30~10/20 提前加购，锁定“双 11”福利。

这则促销活动文案贴合活动主题，准确地传达了活动信息。受众看到文案后，立刻就能理解活动的主题。欧莱雅官方旗舰店的“双 11”预热促销活动文案如图 9–4 所示。

图 9–4　欧莱雅官方旗舰店的“双 11”预热促销活动

为了写好促销活动文案，我们要研究目标受众群体的喜好，以及他们的语言习惯。在撰写文案时，我们的语言风格应该尽量符合目标受众的用语习惯。比如，欧莱雅的主要目标受众群体时年轻女性，她们熟悉流行文化，能很好地理解“美礼为你穿越”，老年人看到这句文案后，可能感到莫名其妙，因为他们可能不理解文案中的“穿越”。

总而言之，网店活动促销文案要贴近受众，要用受众能理解的语言来撰写。另外，促销活动文案也不宜太复杂，要通俗易懂，要让受众在最短的时间内了解促销活动的各项信息，包括活动时间、参与方式、参与资格等。

## 商品评价的回复文案

商品评价的回复文案分为三种类型：感谢型、引导型和解释型。

### 1. 感谢型

感谢型是指感谢顾客的文案，通常有固定的模板，比如“感谢您对小店的信任”“感谢您对 ×× 产品的喜爱”等。在表达了对顾客的感谢后，我们可以为顾客送上祝福，并承诺以后会继续用高质量的产品和服务回馈客户。我们还可以顺势将品牌介绍给产品，加深顾客对品牌的认知。感谢型回复如图 9–5 所示。

图 9–5　感谢型回复

## 2. 引导型

引导型回复是指引导顾客复购的文案。当顾客评价商品后，我们可以向顾客发送引导型回复，引导其复购商品。通常，引导型回复中会包含优惠券、商品推荐、活动推荐等信息。还有一些商家会通过引导型回复邀请客户分享使用感受，发布买家秀。一般来说，引导型回复有固定模板，可由客服人员直接发送给顾客。引导型回复如图 9–6 所示。

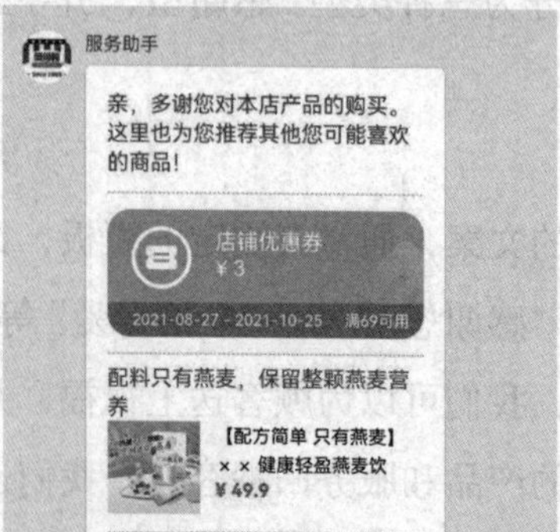


图 9–6　引导型回复

## 3. 解释型

当顾客对产品不满意或留下差评时，商家应向顾客道歉并解释原因，这样的回复属于解释型回复。在向顾客解释原因前，我们应先弄清事情的原委，了解顾客对产品或服务不满意的原因，然后再进行有针对性的解释。

在撰写解释型回复时，我们应该抱着“真诚为顾客服务，真心为顾客解决问题”的心态。推诿责任、敷衍糊弄只会引起顾客的反感。为了展现真诚的态度，我们应首先向客户表达歉意和感谢，然后再解释原因。

顾客对产品不满意的原因有很多，如果是食用方法不当或误会造成的不满，我们应该及时澄清，并告诉客户产品的正确使用方法；如果是产品有问题造成的不满，我们在解释原因的同时，要积极做好售后服务。解释型回复如图 9–7 所示。

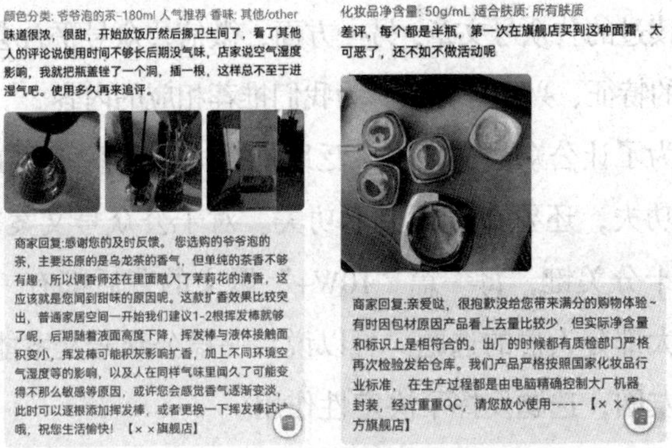


图 9–7 解释型回复

除了海报文案、商品详情页文案、促销活动文案和商品评价的回复文案这四种主要文案，网店运营过程还涉及退换货规则、售后规则、招商信息、温馨提示和顾客须知等辅助型文案。相比四种主要文案，这些文案更加标准化和模板化，我们可以根据现成的模板进行编辑。

## 第三节　公众号文案：选题引爆传播，标题点燃情绪

在产品营销领域，公众号文案是发布在微信公众号平台上的广告软文。广告中好文案的写法和普通长文案的写法相同，只要做好前期调研，找准方向，搭建好“骨架”就能顺利地撰写一篇公众号文案。

不过，我们在撰写公众号文案时，应考虑到公众号平台的特殊性。公众号平台的推荐机制是“社交+算法”，一方面，我们可以通过“在看”“分享”、朋友圈转发等途径看到微信好友读过的公众号文章；另一方面，微信公众号平台会根据我们的特征、兴趣等标签，为我们推荐相应的内容。

为了让公众号文案更广泛地传播，我们不仅要在运营上下功夫，还要在选题上下功夫。对于公众号文案来说，选题十分关键，每一篇“10W+”爆文的背后都有一个能覆盖大部分人群的选题。可以说，一篇公众号文案能否引爆朋友圈，选题发挥了决定性作用。

### 能覆盖大多数人的选题

对于一篇公众号文案来说，选题是关键的。如果我们将文案中各个要素的权重用百分比表示，选题占50%。找到好选题，公众号文案就成功了一半。

那么，我们应该如何找到好选题呢？这里的好选题是指

那些可能成为爆款的选题，即有可能引爆传播的选题。说到“引爆传播的选题”，大多数人都会联想到热点事件，的确，与热点事件相关的选题可以在短时间内获得更多关注。但是，能引起全社会关注的热点事件并不会每天发生。事实上，最后有可能引爆传播的选题，是能覆盖大多数人群的选题。

能覆盖大多数人群，代表大多数人都接受，大多数人都能讨论，大多数人都能参与。和娱乐圈相关的话题和新闻之所以能经常登上热搜榜，正是因为这样的话题可以覆盖大多数人。由此可见，选择能覆盖大多数人的选题，可以有效提高公众号文案的传播力。

举个例子，一篇公众号文案的选题是“吃遍各地早餐，品味中国饮食文化”，另一篇公众号文案的选题是“在南京吃早餐，品味金陵美食文化”。很显然，第一个选题的覆盖人群更广，第二个选题的覆盖面相对较窄。选择第一个选题，意味着更多的人能看到公众文案，而公众号文案可能获得的营销效果也越好。

不过，为了让公众号文案的选题覆盖大多数人群，我们可以从以下三个方向找选题。公众号文案选题方向，如图 9–8 所示。

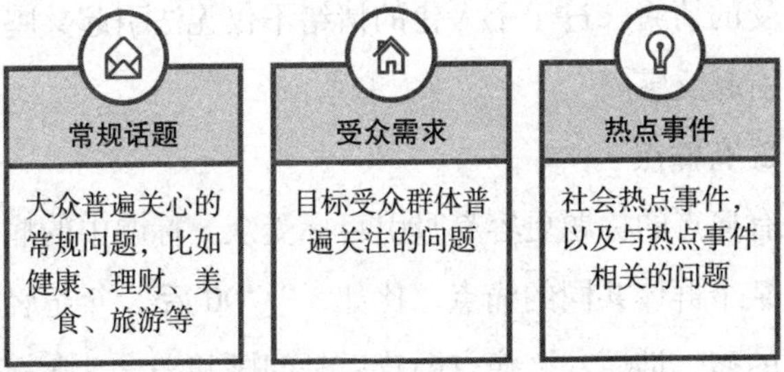


**图 9–8　公众号文案选题方向**

从上述三个方向找选题，一方面可以覆盖更多人群，另一方面可以兼顾目标受众群体，既有普适性，又有针对性，非常适合以营销为目的的公众号文案。

## 点燃情绪的标题

在微信公众号平台的推荐机制下，公众号文案的标题十分重要。有的标题让人一看就想点击，而有的标题让人无法产生兴趣。标题之于公众号文案，就像求职简历之于我们，如果标题无法吸引受众，即使文章再精彩，也将无人问津。

一个好标题，是公众号文案引爆朋友圈的第一步。对于公众号文案来说，能够点燃情绪，吸引人们点击的标题有三个特点。

**1. 有情绪**

有情绪的标题更容易吸引受众，也更容易引起受众的共鸣。比如“我不想加班”“我的头发去哪了”等标题所产达的情绪最好是某个群体共有的情绪，能让大多数人感同身受的情绪。过于个人化的情绪不仅无法引起共鸣，还容易引起反感。

**2. 有痛点**

有痛点的标题更容易吸引目标受众。标题中的痛点应该是某个群体共同的痛点，比如，“‘90后’：年纪轻轻就脱发的痛，谁懂？”痛点的背后是问题和需求，在标题中展示痛点，在正文中满足需求，提供解决方案，是广告文案的经典“套路”。

### 3. 有“热词”

标题中的“热词”可以让更多受众搜索到、看到文案。这里的“热词”是指与热门事件相关的词，以及其他高频词。比如，标题“今年‘双11’买啥最划算？快进来抄作业！”中的“双11”是与热门事件相关的词，“告别996，享受业余生活！”中的“996”是某段时间大家经常看到的网络高频词。

有情绪、有痛点、有“热词”，我们的公众号文案标题至少要满足其中一点，只有这样，才能让受众“一看就想点”。

一篇“10W+”爆款文案的出现，是许多因素共同作用的结果，其中最重要的因素是选题和标题。一个覆盖大多数人的选题，一个点燃情绪的标题，是公众号文案广泛传播的重要条件。

## 第四节　朋友圈微商文案：五个绝招，从朋友圈脱颖而出

提到朋友圈文案，很多微商朋友都感到十分苦恼。因为，发广告没人看，不发广告达不到营销目的。现在的受众能一眼“识破”广告软文，如果我们经常在朋友圈发布广告软文，可能会招致反感，甚至被“拉黑”。

朋友圈文案，发还是不发，这是一个问题?

答案是：当然要发。因为，朋友圈背后是微信社交链，是强大的微信生态圈，如果不能利用这一资源，那就太可惜了。

那么，朋友圈营销文案应该怎样写，才不会引起反感呢?

在回答这个问题之前，我们先来分析一下朋友圈卖货的底层逻辑。在朋友圈卖货，我们首先要赢得他人的信任，然后再推荐产品，让对方了解产品的功能和优势，最后通过互动和话术促成交易。简单来说，朋友圈卖货的底层逻辑是：赢得信任，介绍产品，促成交易。

了解了朋友圈卖货的底层逻辑以后，我们就可以以此为依据开展朋友圈营销，撰写朋友圈营销文案了。

### 分享生活，打造个人形象，赢得信任

通过分析朋友圈卖货的底层逻辑，我们可以知道：朋

友圈营销的第一步是建立信任。在建立信任阶段，我们不应该在朋友圈直接发布关于产品的相关信息和营销信息，而是要通过分享生活，打造值得信任的个人形象。

在这一阶段，我们可以积极地在朋友圈分享自己的日常生活，并撰写贴近生活的文案。要质疑的是，我们分享的内容和打造的个人形象都应该为产品营销服务。

比如，一个卖榨汁机的微商在朋友圈树立的是热爱生活的宝妈形象，经常分享给孩子买水果、做水果拼盘等趣事，比如：

家里的小宝贝喜欢吃水果，今天又给他买了芒果、桃子、苹果、火龙果。多吃水果，身体棒棒！

下午在家给孩子做了水果拼盘，孩子很喜欢，说明天还要吃。看孩子吃得健康，比什么都开心。

同时，这位微商常常“不经意地”在朋友圈中提及榨汁机产品，比如：

早起做了营养早餐，用超好用的榨汁机给家人做了果汁。酸甜的果汁，不仅能补充维生素，还能带来好心情。这都是爱的味道啊！

通过分享生活，这位微商在朋友圈中树立了值得信任的形象。而且，她还在大家没有察觉的时候悄悄植入了产品。有了这一系列的铺垫，这位微商后期开展营销活动时会更加顺利。

分享知识，植入产品

通过分享生活与粉丝和朋友建立信任后，我们就可以正式开始植入产品了。当然，植入产品也要讲究方法，直接而生硬地介绍产品是不可取的。

我们可以通过分享知识来植入产品。在朋友圈分享与产品有关的知识，既能引出产品，也能满足人们的求知欲。我们可以在分享知识的过程中，介绍产品功效、产品卖点。比如，买水果的微商可以在朋友圈介绍与水果相关的知识，比如吃水果的好处，选购水果的方法，用水果制作美食的方法等。

除此以外，我们还可以通过分享使用体验来介绍产品。比如，卖蛋糕的可以在朋友圈分享做蛋糕的体验，以及烘焙知识；卖化妆品的可以在朋友圈分享化妆效果和使用感受；卖饰品的可以分享佩戴饰品的照片和个人感受。

积极互动，加强粉丝黏性

植入产品后，我们就可与粉丝展开互动了，互动不仅可以加强我们与粉丝之间的黏性，还可以起到引导行动、促成交易的作用。我们可以通过抽奖、有奖竞猜、积赞有礼、转发有礼等方式与粉丝互动，在互动的过程中我们还可以继续植入产品。

比如，有一位在朋友圈卖蛋糕的微商，他是这样与粉丝互动的：

又到了深夜放毒的时间啦！这是我今天的宵夜，也是我非常喜欢吃的一道菜，它的卖相不太好，但非常美味。有人能猜出这道菜叫什么名字吗？前五名猜中的朋友送蛋糕优惠券！

我们可以借鉴他的做法，在朋友圈发起互动，并将产品作为奖励，让朋友圈中潜在的顾客获得体验产品的机会。

分享真实体验，打动粉丝

为了促成交易，我们可以分享产品的使用体验，用真实的体验打动粉丝。我们在撰写产品使用体验时，一定要保证自然、真实，不要过分夸大产品的效果，也不要使用专业术语。比如，一位卖护肤品的微商在朋友圈分享了一款眼霜的使用感受：

我是大油皮，还是资深熬夜党，平时用过很多种眼霜。拿到这款眼霜之前，我对它没报太大期待。但我用了之后，一下子被惊艳了。眼霜的质地是半透明的，非常清爽，涂上后眼皮感觉凉凉的，而且非常好吸收。这款眼霜对我这个怕油腻的大油皮太友好了，涂完以后眼周皮肤很清爽，一点都不黏腻。我已经完全爱上这款眼霜了，最近一直坚持使用，过段时间再分享使用效果。

这则产品使用体验十分真诚且平易近人，也没有很深的“卖货”痕迹，很容易让粉丝产生好感。而且，文案中详细的使用感受可以为粉丝“种草”，促使粉丝下单购买产品。

做好朋友圈营销、写好朋友圈营销文案的关键是建立信任，只有先建立信任关系，后续动作才能顺利展开。

## 第五节 短视频文案：三个方法，让你的文案在短视频流量池脱颖而出

对于文案创作者来说，写文案是一件“一通百通”的事，只要掌握了基本方法和底层逻辑，就能运用到任意题材的文案中。而且，很多文案写作技巧也是可以通用的。

不过，不同题材的文案，在写作的侧重点上有所不同。就拿短视频文案来说吧，它是内容的组成部分，与画面、音乐相互配合，共同构成一则短视频作品。同时，短视频文案也起到了引导受众关注、购买的作用。

我们在撰写短视频文案时，可以将自己当成编剧和导演，将文案当成剧本，在其中设置各种冲突、转折。同时，我们也应该将自己当作解说员，用文字对视频画面进行补充。

当然，和其他类型的文案一样，短视频文案也应起到促进转化、引导行动的作用。

### 短视频文案的内容公式

短视频文案也可以分为开头、正文和结尾 3 部分，每个部分都发挥着重要作用。基于此，我们可以总结出三个短视频文案内容公式。通过运用内容公式，我们在撰写短视频文案时，能够做到逻辑清晰，结构完整。

**1. 公式 1：悬念 + 故事 + 个人观点 + 互动**

在短视频文案开头，我们可以设置悬念或抛出问题，

挑起受众的好奇心。接着，我们可以通过故事、案例阐述现象或观点。最后，我们要表达个人观点，并鼓励受众表达观点或展开行动。

**2. 公式 2：结论 + 证明结论 + 个人观点或反转**

在文案开头抛出结论，可以达到“一鸣惊人”的效果。证明结论的过程，就是说服受众的过程。文案结尾再次抛出观点，可以起到升华主题的作用，反转式结尾则能够达到“出其不意”的效果。

**3. 公式 3：冲突或反差 + 问题 + 答案**

在文案开头制造冲突或反差，可以激发受众的好奇心。如果受众继续看下去，就会发现文案中不仅提出了引发冲突或反差的问题，同时解答了该问题。看到最后，受众的好奇心得到了满足，疑问也得到了解答。

上面的三个内容公式不仅可以用于短视频文案，还可以用于其他文案。

## 短视频文案的写作要点

我们在撰写短视频文案时，要关注以下六个要点。

**1. 第一句话很重要**

我们要在视频第一秒就抓住受众的心，因此，短视频文案的第一句话非常重要。我们应该用第一句话制造有趣的悬念，抛出有力的观点。

**2. 受众喜欢听故事**

比起大道理，受众更喜欢听故事。而且故事更利于我们制造冲突和转折。故事还可以与观点结合，让受众在潜移默化中被影响，故事可以让观点更生动、更可信，而观点也可以让故事更深刻。

### 3. 语言要通俗易懂

在前文中，我们曾多次强调过：文案的语言要通俗易懂，要“接地气”。在撰写短视频文案时，我们也不应该过度使用生僻字或专业术语，以免增加受众理解文案的障碍。

### 4. 文案内容要垂直

短视频内容最忌“东一榔头，西一棒槌”，我们要坚持创作垂直化的内容。垂直化的内容可以帮助我们增加用户黏性，也可以让我们的短视频账号更有竞争力。因此，短视频文案的内容也要垂直化。

事实上，很多短视频“大号”的内容都十分垂直，拥有相对固定的内容框架。它们的文案是在固定的内容框架中灵活创作的。

### 5. 文案要围绕受众创作

包括短视频文案在内的所有文案都要围绕受众创作。只有创作受众喜欢、感兴趣的内容，文案才能获得目标受众的关注，文案的营销目的才能实现。

### 6. 要坚持创作

短视频的运营过程中，“养号”是必经的阶段。在“养号”阶段，我们要找到账号的定位，找到适合的内容方向。因此，我们要坚持不懈地输出内容，创作文案。而且，运营短视频账号需要长期输出内容，还要保证内容的输出频率。如果我们没有养成坚持创作的习惯，就无法保证内容的长期、稳定输出。

移动互联网和移动终端的不断发展，让短视频成了如今最重要的内容载体和营销工具。作为内容行业的从业者，我们要积极拥抱变化，积极参与短视频文案创作，并学习短视频账号运营的方法。只有这样，我们才能紧跟时代。

## 第六节　女性文案："她时代"来临，得女性用户者得天下

近年来，女性的消费能力日益提升，女性的消费影响力也逐渐超过男性，女性市场成为企业和商家的必争之地。对此，每一个营销人员都应该意识到："她时代"已经到来，得女性用户者得天下！

作为文案创作者，我们也应该关注女性消费者群体，深度剖析女性消费者的特征和需求，为她们"量身订做"文案。为了写好这类文案，我们要走近时下的现代女性消费者，充分了解她们的喜好，做到投其所好，僘其所恶。

### 投其所好：把握六个关键点

为了写出受女性消费者认可的文案，我们应该把握以下六个关键点。

**1. 保证真实性**

女性消费者对产品、品牌的忠诚很高，她们也乐于分享和传播好产品。一旦她们认可产品或品牌，便会成为"铁杆粉丝"。不过，这一切的前提是：你做到了你承诺的一切。因此，我们一定要保证文案的真实性，不要做出虚假承诺，更不要无限夸大产品的功效。请记住：你可以甜言蜜语，但绝不能谎话连篇。

**2. 强调功能，弱化技术细节**

相比男性消费者，女性消费者更关注产品的功能，而

产品的相关参数和技术细节较为忽略。因此，我们在撰写文案时要强调功能，弱化技术细节。

尼康 Z5 全画幅微单相机的文案很好地平衡了功能和技术细节，让所有受众都能从文案中轻松获取产品信息。该相机文案如下：

相机机身轻便坚固又易操作，无论创作者身处城市或大自然，都具备更多创作可能性。

采用 2432 万有效像素、FX 格式传感器，忠实还原色彩，使影像清晰、生动，提供自然优美的虚化效果。

具有 273 点自动对焦系统，画面边缘也能快速捕捉眼睛侦测和动物侦测自动对焦，实时清晰追踪主体 C 位。

### 3. 功能具象化

我们在描述产品功能时，应该尽量做到具象化。我们可以通过比喻、对比等写作手法，将产品的功能具象化为场景、画面和感官。比如，iPod 音乐播放器的文案是：

把 1000 首歌装进口袋里。

这则文案的高明之处在于，用具象化的文字表现出了 iPod 音乐播放器的小巧轻便和大容量。它没有告诉我们 iPod 的存储容量是多少，也没有说明 iPod 的尺寸有多少，仅仅用“1000 首歌”和“放进口袋”就凸显了产品的优势。

**4. 学会运用场景**

女性消费者不仅关注产品本身，也关注产品的使用场景。比如，女性消费者在购买化妆品时不仅会考虑产品的品质，还会考虑产品是否方便补妆，是否方便携带。因此，我们应该在文案中设置贴近女性生活的场景。比如，某款女包的文案是：

大容量，平板电脑、杂志、化妆包、文件夹都能装，上班背它就够了。

该文案设置了“上班”的场景，围绕场景介绍了产品的卖点，并告诉受众：这是一个适合上班背的大容量包。

**5. 讲好故事**

会讲故事的文案更容易打动女性消费者。我们在撰写文案时，要学会讲故事，品牌故事、个人故事、名人故事都可以放在文案中。事实上，故事不仅有很强的感染力，而且自带传播属性，适用于任何文案。

**6. 多谈感受**

相比男性，女性更加感性，她们愿意分享感受，也乐于倾听感受。在小红书、豆瓣等女性用户较多的网络社区中，我们经常可以看见用户分享自己的感受，包括产品使用感受、服务体验感受，以及日常生活中的感受等。

女性消费者更注重产品的“使用感”，即使用产品过程中的舒适、方便程度，以及产品带给自己的体验。我们在撰写文案时，也要将产品的“使用感”加入其中。

想要写好这类文案，赢得女性市场，我们不仅要把握上述六个要点，还要深入研究女性消费心理及女性消费偏好。毕竟，只有了解女性消费者，才能真正做到投其所好。

### 儆其所恶：不碰低俗、歧视的“高压线”

获得女性消费者青睐，赢得女性市场的前提是尊重女性。我们在撰写这类文案时，也应该将“尊重女性”这四个字牢牢记在心中。因广告文案中出现歧视、侮辱女性的信息而受到抵制的品牌不在少数，我们要时刻引以为戒。

低俗、歧视是这类文案的两条“高压线”，我们在撰写时，一定要规避低俗或充满偏见的内容。归纳起来，以下两类内容使我们在撰写女性文案时应该规避的。

**1. 低俗内容**

幽默有趣的文案让人愉快，受众喜闻乐见。但是，那些把低俗当有趣的文案，只会令人反感。有时候，有趣和低俗只有一线之隔，如果我们不能把握好度，就会让文案的调性变得鄙俗，令人反感。

低俗的玩笑，露骨的隐喻，不应该出现在任何文案中。如果文案中不得不涉及两性话题，我们一定要反复带入受众的角度，站在双方的立场上思考问题。我们还要请权威人士帮我们审核文案。此外，涉及两性话题时，我们要避免使用露骨、粗鄙或带有歧视色彩的词汇去评价和抨击任何一方。

**2. 性别歧视内容**

涉及性别歧视的内容不应该出现在任何文案中。一旦品牌、产品的文案中出现了性别歧视内容，那么，品牌的形象一定会受到影响。

比如，某企业将“不涂口红的你，和男人有什么区别”印在快递盒上，遭到了大众的批评。这句文案不仅歧视了女性，也歧视了男性，更鼓吹了性别的刻板印象，造成了非常恶劣的影响。虽然该企业事后道歉了，但企业形象仍然大打折扣。

我们有理由相信，撰写该文案的人本意并非如此，他或许只是想展现一下幽默感，但却弄巧成拙。我们应该引以为戒，在撰写文案时把握分寸，反复斟酌。低俗、歧视不应该出现在任何一则文案中，作为文案创作者，我们应该尊重每一个群体，尊重每一个人。